रामधारी सिंह 'दिनकर' रचनावली-3

[स्फुट काव्य : आत्म और अध्यात्म]

रामधारी सिंह 'दिनकर' रचनावली

3

संपादक
नंदकिशोर नवल
तरुण कुमार

लोकभारती प्रकाशन

लोकभारती प्रकाशन
पहली मंजिल, दरबारी बिल्डिंग, महात्मा गांधी मार्ग
प्रयागराज-211 001
वेबसाइट : www.lokbhartiprakashan.com
ईमेल : info@lokbhartiprakashan.com
शाखाएँ : 1-बी, नेताजी सुभाष मार्ग, दरियागंज
नई दिल्ली-110 002
अशोक राजपथ, साइंस कॉलेज के सामने
पटना-800 006
36 ए, शेक्सपियर सरणी, कोलकाता-700 017

पहला संस्करण : 2011
दूसरा संस्करण : 2021

बी.के. ऑफसेट
नवीन शाहदरा, दिल्ली-110 032 द्वारा मुद्रित

RAMDHARI SINGH DINKAR
RACHNAWALI-3
Edited by Nandkishor Nawal, Tarun Kumar

ISBN : 978-81-8031-590-9

मूल्य : ₹5000
(14 खंडों का पूरा सेट)

रामधारी सिंह 'दिनकर'

काव्यपाठ में मग्न दिनकर जी

कनिष्ठ पुत्र केदारनाथ सिंह, कनिष्ठ पुत्री विभा, नाती प्रशांत, प्रशांत के चचेरे भाई मुन्ना, नातिन अमृता एवं पौत्री तूलिका को गोद में बिठाए दिनकर जी

रूसी शोध छात्राओं से बातचीत करते हुए

होली के अवसर पर पंडित जी (पंडित जवाहरलाल नेहरू) की उपस्थिति में काव्यपाठ करते हुए दिनकर जी। स्थान : तीन मूर्ति भवन, नई दिल्ली

भूमिका

वैसे तो अपनी प्रत्येक कविता में कवि किसी-न-किसी रूप में मौजूद रहता है, लेकिन कुछ कविताएँ वह प्रत्यक्ष रूप से अपने को विषय बनाकर लिखता है। उनमें उसकी व्यक्तिगत पीड़ा या उसकी किसी खास समस्या का चित्रण होता है। प्रगीत-कविताओं को भी इस श्रेणी में रखा जा सकता है, क्योंकि आत्मपरकता उनका अनिवार्य गुण होता है, लेकिन अमरीकी विद्वान् रेनेवेलेक ने इस तरफ से आगाह किया है कि प्रगीत-कविता का 'मैं' भी अवास्तविक हो सकता है। ऐसी स्थिति में उन्हीं कविताओं को निर्भ्रांत रूप में कवि की आत्मपरक या वैयक्तिक कविताएँ मानना चाहिए, जिनमें अभिव्यक्त वस्तु कवि के सम्बन्ध में गद्य में प्राप्त तथ्यों या उसके जीवन के सम्बन्ध में प्रामाणिक जानकारी देनेवाले अन्य स्रोतों से समर्थित हो। इस दृष्टि से विचार करने पर पता चलता है कि दिनकरजी ने अपनी कविता में शुरू से लेकर अन्त तक अपने और अपनी कविता के बारे में काफी-कुछ कहा है। यहाँ यह भी बतला देना जरूरी है कि टी.एस. इलियट का 'निर्वैयक्तिकीकरण का सिद्धान्त' अब खंडित हो चुका है, क्योंकि कोई भी प्रभावशाली कविता कवि-व्यक्तित्व के किसी-न-किसी अंश में योग के बिना नहीं हो सकती।

दिनकर जी स्वच्छंदतावादी कवि थे, इसलिए कविता में आत्माभिव्यक्ति उनके लिए स्वाभाविक है। और तो और, अनेक बार उनकी राष्ट्रीय-सामाजिक तथा अन्यान्य विषयक कविताओं में भी उनके व्यक्तित्व का प्रत्यक्ष स्पर्श देखने को मिलता है, जिससे उनमें एक नया असर पैदा हो जाता है। 'वसन्त के नाम पर' शीर्षक कविता में उनकी तड़प से भरी देशभक्ति देखी जा सकती है। वे भी वासन्ती सुषमा को विषय बनाकर कविता लिखना चाहते हैं, लेकिन 'कलम उठी कविता लिखने को, अन्तस्तल में ज्वार उठा रे!/सहसा नाम पकड़ कायर का पश्चिम-पवन पुकार उठा रे!' इसी तरह साम्प्रदायिक दंगे की विभीषिका

से देश को बचाने की बेचैनी वैयक्तिक अनुभूति के साथ उनकी 'हे मेरे स्वदेश!' कविता की इन आरम्भिक पंक्तियों में ही देखने को मिलती है :

छिप जाऊँ तुम्हें कहाँ लेकर?
इस विषय का क्या उपचार करूँ?
प्यारे स्वदेश! खाली आऊँ?
या हाथों में तलवार धरूँ?

लेकिन ऐसी कविताओं को प्रस्तुत खंड के प्रथम उपखंड में नहीं रखा गया, क्योंकि इनमें प्रधानता कवि के आत्मिक स्वर की जगह राष्ट्रीय-सामाजिक स्वर की है।

'मंगल-आह्वान', 'उत्तर में', 'कविता का हठ' आदि अपनी आरम्भिक कविताओं में दिनकरजी ने काव्य-रचना को लेकर अपनी निजी समस्या-द्विधा और द्वन्द्व—का चित्रण किया है और अपना उद्देश्य भी बतलाया है। 'हुंकार' की 'परिचय' शीर्षक कविता इस दृष्टि से महत्वपूर्ण है कि उसमें कवि ने अपना परिचय समग्रता में दिया है। एक तरफ वह कहता है कि 'मधुर जीवन हुआ कुछ प्राण! जब से/लगा ढोने व्यथा का भार हूँ मैं' और दूसरी तरफ यह कि 'सुनूँ क्या सिंधु! मैं गर्जन तुम्हारा?/स्वयं युग-धर्म का हुंकार हूँ मैं।' दिनकरजी ने पराधीनता के वर्षों में अपना सारा राष्ट्रीय और सामाजिक काव्य ब्रिटिश हुकूमत के कोप की छाया में रहकर लिखा था। वह उन्हें बर्खास्त तो नहीं करती थी, लेकिन हमेशा उनके पीछे खुफिया पुलिस लगाए रहती थी। इस बात की पीड़ा उनकी कविता में सिर्फ एक जगह व्यक्त हुई है, उक्त कविता की ही अन्तिम पंक्तियों में—

बँधा तूफान हूँ, चलना मना है;
बँधी उद्दाम निर्झर-धार हूँ मैं;
कहूँ क्या, कौन हूँ? क्या आग मेरी?
बँधी है लेखनी, लाचार हूँ मैं।

दिनकरजी ने कविता में अपना जो कार्य-भार तय किया था, वह बहुत बड़ा था, बावजूद इसके कि वे अपनी सीमाओं से भी परिचित थे, क्योंकि 'परिचय' कविता में ही वे यह भी कहते हैं कि 'मुझे क्या गर्व हो अपनी विभा का?/चिता का धूलि-कण हूँ, क्षार हूँ मैं'। उनकी मुसीबत यह थी कि उनका कार्य-भार भी बड़ा था और उसे उन्होंने अपनी निजी समस्या भी बना लिया था। इसका पता हमें उनकी 'अन्तिम मनुष्य'

शीर्षक कविता से चलता है।

उनके सर्वप्रिय कवियों में रवीन्द्रनाथ और इकबाल थे, यह बात विदित है। इकबाल से उन्होंने किसी हद तक ओजस्विता और वैचारिकता तो ली ही है, कहने-सुनने का एक खास ढंग भी लिया है। इकबाल अनेक बार अपनी कविताओं में कथोपकथन का सहारा लेते हैं और उसी के माध्यम से अपनी बात कहते हैं, उदाहरणार्थ इकबाल की 'अक्ल-ओ-दिल' शीर्षक नज्म में : 'अक्ल ने एक दिन यह दिल से कहा'। खंड एक की कविता 'जा रही देवता से मिलने?' में हम देखते हैं कि दिनकर जी भी देश और दुनिया के बारे में अपनी बात एक संवाद के माध्यम से कहते हैं। अपनी आत्मपरक कविताओं में भी कभी-कभी उन्होंने यह पद्धति अपनाई है, यथा 'रात यों कहने लगा मुझसे गगन का चाँद' में। इस कविता में जो कुछ कहा गया है, वह उन्हीं की कविता के बारे में सही है, उनकी पीढ़ी के किसी भी दूसरे कवि की कविता के बारे में नहीं। इसी तरह 'कवि की मृत्यु' में भी मुख्यतः संवाद ही हैं। यह कविता कवि ने अपनी ही मृत्यु की कल्पना करके लिखी है, जो इस बात को झुठलाती है कि महान् कविता आत्मपरकता से मुक्त होकर ही लिखी जा सकती है। 'लोहे के पेड़ हरे होंगे' कविता में कोई संवाद नहीं है, लेकिन इसमें कवि वस्तुतः अपने को ही सम्बोधित करता है, जिस कारण इसे उसकी आत्मपरक कविताओं में रखा गया है।

कुछ कविताएँ दिनकरजी के व्यक्तिगत जीवन से प्रत्यक्ष रूप से जुड़ी हुई हैं, यथा 'इस्तीफा', 'संस्कार', 'सेतु-रचना', 'आपद्धर्म', 'पुरानी और नई कविताएँ', 'समाधान', 'भग्न वीणा', 'कला' तथा 'हारे को हरिनाम'। ब्रिटिश हुकूमत उन्हें इस हद तक परेशान करती थी कि चार वर्षों में बाईस बार उनका तबादला किया गया। द्वितीय विश्वयुद्ध की समाप्ति के बाद उन्होंने छुट्टियों के बहाने दो-दो बार इस्तीफा दिया, लेकिन हुकूमत ने उसे स्वीकार नहीं किया। 'इस्तीफा' कविता इसी मनोभूमि की रचना है। 'संस्कार' और 'सेतु-रचना' में उन्होंने अपने निंदकों को उत्तर दिया है, निस्सन्देह अपने उच्च स्तर से। आगे की पाँच कविताएँ उनकी अपनी कविता से सम्बन्धित हैं और एकदम नई शैली में लिखी गई हैं। छठी कविता उनकी उस पारिवारिक परिस्थिति की देन है, जिसकी ओर उन्होंने अपने काव्य-संकलन 'रश्मिलोक' की 'मेरी काव्य-यात्रा' शीर्षक कविता में संकेत किया है। इस कविता में जितनी आध्यात्मिकता है, उससे ज्यादा

आत्म-निवेदन है, इसीलिए इसे इस भाग में रखा गया है। यह एक महान् कविता है, जो आखिरी हद तक निश्छल और समर्पणभरे चित्त से ही फूट सकती थी। ऐसी कविता भक्त-कवियों के बाद निराला और फिर दिनकर में ही सम्भव हुई है।

इस खंड के द्वितीय उपखंड में दिनकर जी की आध्यात्मिक कविताएँ संकलित हैं। वे भौतिकता के प्रबल आग्रही थे, जीवन, समाज, पराधीनता, स्वाधीनता और इस विश्व को सत्य मानते थे, लेकिन उस भौतिकता के विरोधी थे, जिसका मतलब भोग और शोषण से प्राप्त किया गया सुख होता है। स्वभावतः वे शुरू से धार्मिक थे। 1933 में अपनी 'तांडव' शीर्षक कविता उन्होंने देवघर के प्रसिद्ध मन्दिर में जाकर महादेव को सुनाई थी। तभी से उनमें धार्मिकता या आस्तिकता का एक दबा हुआ स्वर था, जो उम्र बढ़ने के साथ उभरता गया। 'रश्मिलोक' की भूमिका में उन्होंने लिखा है, 'लाजिक और पुरुषार्थ का मैं बड़ा भारी समर्थक रहा था, किन्तु इस चौथेपन में आकर दोनों के प्रति मेरा विश्वास उठ गया', जिसके फलस्वरूप उन्होंने अपने जीवन, जगदीश और भाग्य के सामने हार मान ली।

लेकिन उनकी कविताएँ हारे हुए कवि की कविताएँ नहीं हैं, क्योंकि वे हमें जीवन-जगत से विमुख न कर हमारी चेतना को सिर्फ एक आध्यात्मिक आयाम प्रदान करती हैं। उन्होंने 'संचयिता' की भूमिका में यह लिखा है कि कविता में वे साकार से निराकार की ओर, लेकिन धर्म में निराकार से साकार की ओर गए हैं। यह बात भी अंशतः ही सही हो सकती है, क्योंकि उनकी 'अशब्द', 'अगोचर का आमन्त्रण', 'नई आवाज' और 'सबसे बड़ी आवाज'—जैसी कविताएँ आरम्भिक नहीं, बल्कि उनके मध्यवर्ती काल की कविताएँ हैं, जो असीम, अज्ञात और अशब्द के प्रति उनके प्रबल आकर्षण की सूचना देती हैं। 'हारे को हरिनाम' की 'खोज' शीर्षक कविता में उन्होंने ठीक कहा है कि 'शून्य और दीवार, दोनों एक हैं।/आकार और निराकार, दोनों एक हैं।' इसी तरह उसी की 'धरती और आकाश' शीर्षक कविता में : 'अदेह की विभा/देह में झलक मारती है।/ और दैहिक ज्योति/अदेह की आरती उतारती है।' यह बात सही है। उनकी आध्यात्मिक कविताओं में साकार-निराकार का भेद नहीं है। खास बात यह कि कुछ कविताओं को छोड़कर, जिनमें उत्कट आत्म-निवेदन है, आखिरी दौर की उनकी ज्यादा कविताओं में आध्यात्मिकता को एक मूल्य के रूप में स्थापित करने पर बल है।

19 अगस्त, 2008

—नंदकिशोर नवल

अनुक्रम

कल कहा एक साथी ने, तुम बर्बाद हुए;
ऐसे भी अपना भरम गँवाया जाता है?
जिस दर्पण में गोपन-मन की छाया पड़ती,
वह भी सब के सामने दिखाया जाता है?

लगता है, मैं कविता नहीं लिखता,
सरापा दर्द हुआ जाता हूँ।
दीवार उठाने में देर हो,
तो कोई चादर ही फेंको।
प्रभो, भरी सभा में
मैं बेपर्द हुआ जाता हूँ।

आत्म

कविते! तेरा स्वर्ण-काल वह है कहाँ?

जगती की सुकुमार सरल छवि की छटा
किसी निठुर के अंचल में मुरझा गयी।
बाल-विश्व की पुलकाकुल मुस्कान वह
मिटी लहर-सी किसी सरित की गोद में।

मादक शर उर में आ लगे अनंग के,
जगती को युवती-सा हृत्कम्पन हुआ।
पर, न सिहरती अब वह यौवन-भार से,
प्रथम मिलन की मादकता अक्षय नहीं।

कविते! तेरा स्वर्ण-काल वह है कहाँ
अखिल विश्व को जब अपने माधुर्य से
करती थी अभिसिक्त, रसिक जन मुग्ध हो
'धन्य-धन्य' कहते थे पुलक-विभोर-से।

जब ऊषा की एक सरल मुसकान से,
रत्नखचित-नभ के सुमधुर आलोक से,
हरित तलहटी में निर्झर के गान से,
चकित मनुज संताप, पाप थे भूलते।

खग-मृग भी मानव-कुल के परिवार थे,
वन था वैभव-स्रोत, मनुज संतुष्ट थे।
सरल-चित्त-जन बसते पर्णकुटीर में,
अहा! विश्व जब एक सरस संगीत था।

कहाँ आज वह जग का स्वर्ण-विहान है?
जगत प्रकृति से दूर नित्य जाता चला।
विश्व विकल है कृत्रिमता की मार से,
अरे, क्रूर विज्ञान! तुम्हारा नाश हो।

इन्द्रधनुष की बहुरंगी छवि में नहीं
आकर्षण, सौन्दर्य, मधुरिमा आज है।
नील क्षितिज का वृत्त रहस्य-विहीन है।
सावन के सुकुमार जलद सुन्दर नहीं।

दिन की उज्ज्वल ज्योति, निशा की कालिमा
ऊषा की मुसकान, उदासी साँझ की,
खिलना, मुरझाना वन में तृण-कुसुम का,
जग के सम्मुख आज न रंच रहस्य है।

कलित कल्पना पंखहीन-सी है पड़ी,
भावुकता का राग कौन सुनता अरे?
जन-समाज की आँखों पर बस तर्क का
बिछा हुआ सुविशाल एक भ्रम-जाल है।

जनता में तुझको अपनी कहते हुए
कविते! होता मुझे बड़ा संकोच है?
पर, निर्जन में तुझे देख हृद्देश में
उठता हूँ मैं फूल अमित अभिमान से।

डरता है प्रेमी जग के अपवाद से,
किन्तु प्रिया का मोह त्याग सकता नहीं।
कहा करे जग शूल सुमन को, किन्तु वह
अलि के हित है सदा फूल का फूल ही।

तर्क-तन्तु से बुना करो भ्रम-जाल नित,
जीवन की उलझन सुलझा सकते नहीं।

शून्य सदन में दीप व्यर्थ बुझ जायगा।
सुमन गिरेगा मुरझ सुगंध बिखेर कर।

घायल जीवन में कैसी सुख-शान्ति है?
उन्मादों में छिपा कौन आनन्द है?
हृदयहीन! तुम क्या जानो, इस विश्व में
कवि-जीवन कैसा सुखमय वरदान है?

(प्रण-भंग तथा अन्य कविताएँ, 1930)

मंगल आह्वान

भावों के आवेग प्रबल
मचा रहे उर में हलचल।

कहते, उर के बाँध तोड़
स्वर-स्रोतों में बह-बह अनजान,
तृण, तरु, लता, अनिल, जल-थल को
छा लेंगे हम बनकर गान।

पर, हूँ विवश, गान से कैसे
जग को हाय! जगाऊँ मैं,
इस तमिस्र युग-बीच ज्योति की
कौन रागिनी गाऊँ मैं?

बाट जोहता हूँ लाचार
आओ स्वरसम्राट्! उदार।

पल भर को मेरे प्राणों में
ओ विराट् गायक! आओ,
इस वंशी पर रसमय स्वर में
युग-युग के गायन गाओ।

वे गायन, जिनको न आज तक
गाकर सिरा सका जल-थल,
जिनकी तान-तान पर आकुल
सिहर-सिहर उठता उडु-दल।

आज सरित का कल-कल, छल-छल,
निर्झर का अविरल झर-झर,
पावस की बूँदों की रिम-झिम
पीले पत्तों का मर्मर,

जलधि-साँस, पक्षी के कलरव,
अनिल-सनन, अलि का गुन-गुन,
मेरी वंशी के छिद्रों में
भर दो ये मधु-स्वर चुन-चुन।

दो आदेश, फूँक दूँ शृंगी,
उठें प्रभाती-राग महान,
तीनों काल ध्वनित हों स्वर में,
जागें सुप्त भुवन के प्राण।

गत विभूति, भावी की आशा
ले युगधर्म पुकार उठे,
सिंहों की घन-अन्ध गुहा में
जागृति की हुंकार उठे।

जिनका लुटा सुहाग, हृदय में
उनके दारुण हूक उठे,
चीखूँ यों कि याद कर ऋतुपति
की कोयल रो कूक उठे।

प्रियदर्शन इतिहास कंठ में
आज ध्वनित हो काव्य बने,

वर्तमान की चित्रपटी पर
भूतकाल सम्भाव्य बने।

जहाँ-जहाँ घन-तिमिर हृदय में
भर दो वहाँ विभा प्यारी,
दुर्बल प्राणों की नस-नस में
देव! फूँक दो चिनगारी।

ऐसा दो वरदान, कला को
कुछ भी रहे अजेय नहीं,
रजकण से ले पारिजात तक
कोई रूप अगेय नहीं।

प्रथम खिली जो मधुर ज्योति
कविता बन तमसा-कूलों में,
जो हँसती आ रही युगों से
नभ-दीपों, वनफूलों में;

सूर-सूर तुलसी-शशि जिसकी
विभा यहाँ फैलाते हैं,
जिसके बुझे कणों को पा कवि
अब खद्योत कहाते हैं;

उसकी विभा प्रदीप्त करे
मेरे उर का कोना-कोना,
छू दे यदि लेखनी, धूल भी
चमक उठे बनकर सोना।

(रेणुका, 1933)

उत्तर में

तुम कहते, 'तेरी कविता में।
कहीं प्रेम का स्थान नहीं;
आँखों के आँसू मिलते हैं;
अधरों की मुसकान नहीं।'

इसके उत्तर में सखे, बता क्या
फिर मुझको रोना होगा?
बहा अश्रुजल पुनः हृदय घट
का सम्भ्रम खोना होगा?

जीवन ही है एक कहानी
घृणा और अपमानों की।
नीरस मत कहना, समाधि
है हृदय भग्न अरमानों की।

तिरस्कार की ज्वालाओं में
कैसे मोद मनाऊँ मैं?
स्नेह नहीं, गोधूलि-लग्न में
कैसे दीप जलाऊँ मैं?

खोज रहा गिरि-शृंगों पर चढ़
ऐसी किरणों की लाली,
जिनकी आभा से सहसा
झिलमिला उठे यह अँधियाली।

किन्तु, कभी क्या चिदानन्द की
अमर विभा वह पाऊँगा?
जीवन की सीमा पर भी मैं
उसे खोजता जाऊँगा।

एक स्वप्न की धुँधली रेखा
मुझे खींचती जायेगी,
बरस-बरस पथ की धूलों को
आँख सींचती जायेगी।

मुझे मिली यह अमा गहन,
चन्द्रिका कहाँ से लाऊँगा?
जो कुछ सीख रहा जीवन में,
आखिर वही सिखाऊँगा।

हँस न सका तो क्या? रोने में
भी तो है आनन्द यहाँ;
कुछ पगलों के लिए मधुर है
आँसू के ही छन्द यहाँ।

(रेणुका, 1934)

कविता का हठ

"बिखरी लट, आँसू छलके, यह सस्मित मुख क्यों दीन हुआ?
कविते! कह, क्यों सुषमाओं का विश्व आज श्री-हीन हुआ?

सन्ध्या उतर पड़ी उपवन में? दिन-आलोक मलीन हुआ?
किस छाया में छिपी विभा? शृंगार कहाँ उड्डीन हुआ?

इस अविकच यौवन पर रूपसि, बता, श्वेत साड़ी कैसी?
आज असंग चिता पर सोने की यह तैयारी कैसी?

आँखों में जलधार, हिचकियों-पर-हिचकी जारी कैसी?
अरी, बोल, तुझपर विपत्ति आई यह सुकुमारी! कैसी?"

यों कहते-कहते मैं रोया, रुद्ध हुई मेरी वाणी,
ढार मार रो पड़ी लिपट कर मुझसे कविता कल्याणी—

"मेरे कवि! मेरे सुहाग! मेरे राजा! किस ओर चले?
चार दिनों का नेह लगा रे छली! आज क्यों छोड़ चले?

"वन-फूलों से घिरी कुटी क्यों आज नहीं मन को भाती?"
राज-वाटिका देख तुम्हारी दृष्टि हाय, क्यों ललचाती?

"करुणा की मैं सुना बिना पतझर कैसे जी पाऊँगी?
कवि! वसन्त मत बुला, हाय, मैं विभा-बीच खो जाऊँगी।

"खँडहर की मैं दीन भिखारिन, अट्टालिका नहीं लूँगी,
है सौगन्ध, तुम्हारे सिर पर रखने मुकुट नहीं दूँगी।

"तुम जाओगे उधर, इधर मैं रो-रो दिवस बिताऊँगी;
खँडहर में नीरव निशीथ में रोऊँगी, चिल्लाऊँगी।

"व्योम-कुंज की सखी कल्पना उतर सकेगी धूलों में?
नरगिस के प्रेमी कवि ढूँढ़ेंगे मुझको वन-फूलों में?

"हँस-हँस कलम-नोंक से चुन रजकण से कौन उठायेगा?
ठुकराई करुणा का कण हूँ, दिल में कौन बिठायेगा?

"जीवन-रस पीने को देगा, यहाँ कौन ऐसा दानी?
उर की दिव्य व्यथा कह अपनाएगी दुनिया दीवानी?

"गौरव के भग्नावशेष पर जब मैं अश्रु बहाऊँगी?
कौन अश्रु पोछेंगा, पल भर कहाँ शान्ति मैं पाऊँगी?

"किसके साथ कहो खेलूँगी दूबों की हरियाली में?
कौन साथ मिलकर रोएगा नालन्दा-वैशाली में?

"कुसुम पहन मैं लिए विपंची घूमूँगी यमुना-तीरे,
किन्तु, कौन अंचल भर देगा चुन-चुन धूल-भरे हीरे?

"तेरे कंठ-बीच कवि! मैं बनकर युग-धर्म पुकार चुकी,
प्रकृति-पक्ष ले रक्त-शोषिणी संस्कृति को ललकार चुकी।

"वार चुकी युग पर तन-मन-धन; अपना लक्ष्य विचार चुकी,
कवे! तुम्हारे महायज्ञ का साकल कर तैयार चुकी।

"उठा अमर तूलिका, स्वर्ग का भू पर चित्र बनाऊँगी,
अमापूर्ण जग के आँगन में आज चन्द्रिका लाऊँगी,

"रुला-रुला आँसू में धो जगती की मैल बहाऊँगी,
अपनी दिव्य शक्ति का परिचय भूतल को बतलाऊँगी!

"तू सन्देश वहन कर मेरा, महागान मैं गाऊँगी,
एक विश्व के लिए लाख स्वर्गों को मैं ललचाऊँगी!

"ढोऊँगी मैं सुयश तुम्हारा, बन नवीन युग की वाणी,
ग्लानि न कर, सहचरी तुम्हारी हूँ मैं भावों की रानी।"

(हुंकार, 1934)

परिचय

सलिल-कण हूँ कि पारावार हूँ मैं?
स्वयं छाया, स्वयं आभार हूँ मैं।
बँधा हूँ, स्वप्न है, लघु वृत्त में हूँ,
नहीं तो व्योम का विस्तार हूँ मैं।

समाना चाहती जो बीन-उर में,
विकल वह शून्य की झंकार हूँ मैं।
भटकता, खोजता हूँ ज्योति तम में,
सुना है, ज्योति का आगार हूँ मैं।

जिसे निशि खोजती तारे जलाकर,
उसी का कर रहा अभिसार हूँ मैं।

जनम कर मर चुका सौ बार लेकिन,
अगम का पा सका क्या पार हूँ मैं?

कली की पंखड़ी पर ओस-कण में
रँगीले स्वप्न का संसार हूँ मैं;
मुझे क्या, आज ही या कल मरूँ मैं?
सुमन हूँ, एक लघु उपहार हूँ मैं।

जलद हूँ, दर्द हूँ, दिल की कसक हूँ,
किसी का हाय, खोया प्यार हूँ मैं।
गिरा हूँ भूमि पर नन्दन-विपिन से,
अमर-तरु का सुमन सुकुमार हूँ मैं।

मधुर जीवन हुआ कुछ प्राण! जब से
लगा ढोने व्यथा का भार हूँ मैं,
रुदन ही एक पथ प्रिय का, इसी से,
पिरोता आँसुओं का हार हूँ मैं।

मुझे क्या गर्व हो अपनी विभा का?
चिता का धूलि-कण हूँ, क्षार हूँ मैं;
पता मेरा तुम्हें मिट्टी कहेगी,
समा जिसमें चुका सौ बार हूँ मैं।

न देखे विश्व पर मुझको घृणा से,
मनुज हूँ सृष्टि का शृंगार हूँ मैं;
पुजारिन! धूलि से मुझको उठा लो,
तुम्हारे देवता का हार हूँ मैं।

सुनूँ क्या सिन्धु! मैं गर्जन तुम्हारा?
स्वयं युग-धर्म का हुंकार हूँ मैं;
कठिन निर्घोष हूँ भीषण अशनि का,
प्रलय-गांडीव की टंकार हूँ मैं।

दबी-सी आग हूँ भीषण क्षुधा की,
दलित का मौन हाहाकार हूँ मैं;
सजग संसार, तू निज को सँभाले,
प्रलय का क्षुब्ध पारावार हूँ मैं।

बँधा तूफान हूँ, चलना मना है;
बँधी उद्दाम निर्झर-धार हूँ मैं;
कहूँ क्या, कौन हूँ? क्या आग मेरी?
बँधी है लेखनी, लाचार हूँ मैं।

(हुंकार, 1935)

संबल

सोच रहा, कुछ गा न रहा मैं।

(1)

निज सागर को थाह रहा हूँ,
खोज गीत में राह रहा हूँ,
पर, यह तो सब कुछ अपने हित, औरों को समझा न रहा मैं।

(2)

वातायन शत खोल हृदय' के,
कुछ निर्वाक् खड़ा विस्मय से,
उठा द्वार-पट चकित झाँक अपनेपन को पहचान रहा मैं।

(3)

ग्रन्थि हृदय की खोल रहा हूँ,
उन्मन-सा कुछ बोल रहा हूँ,
मन का अलस खेल यह गुनगुन, सचमुच गीत बना न रहा मैं।

(4)

देखी दृश्य-जगत की झाँकी,
अब आगे कितना है बाकी?
गहन शून्य में नग्न, अचेतन, कर अगीत का ध्यान रहा मैं।

(5)

चरण-चरण साधन का श्रम है,
गीत पथिक की शान्ति परम है,
ये मेरे संबल जीवन के, जग का मन बहला न रहा मैं।

(6)

एक निरीह-पथिक निज मग का,
मैं न सुयश-भिक्षुक इस जग का,
अपनी ही जागृति का स्वर यह, बन्धु, और कुछ गा न रहा मैं।
सोच रहा, समझा न रहा मैं।

(रसवन्ती, 1936)

कल्पना की दिशा

(किरणागम)

वर्षों पहले, एक दिवस उदयाचल
लाल हुआ जब ऊषा के आने से,
मुझे लगा, मन में जो लोहितवसना
आती थी, सम्मुख साकार वही है।

किसी रश्मि ने विशिख-वेग से आकर
खोल दिए अन्तःकपाट प्राणों के,
ऊषा की अरुणिमा दौड़ती आई
मुझमें भी, सर, शैल, भूमि पर जैसे।

पूरब की उद्भासित छिन्न घटाएँ
झलमल करने लगीं कनक-झालर-सी;
नयन मूँद देखा, ऐसे ही मुझमें
भावों के घन-खंड अनेक रँगे थे।

किरणों के भीतर कोई छिप-छिपकर
जगा रहा था मुझे गीत गाने को;
मुझे लगा, उस दिन ऊषा आई थी
बढ़ा कोटि कर मुझको उकसाने को।
धमनी में सन-सन-सा कुछ चलता था,
गरम हो रही थी लोहू की धारा।

(विभ्रम)

बहुत बार तब से मन के कानन में
आई हैं खेलने स्वर्ग की परियाँ,
अपनी ही वासना चाँदनी बन कर
बहुत बार आई है मुझे रिझाने।

आह! वासना की वे आकुलताएँ,
आना उनका कभी चाँदनी बनकर,
कभी कल्पना की डाली में खिलना
सुमन-वृन्त पर किसी परी के मुख-सा।

ध्यान-मग्न जन के आनन्द-गगन में
विधु-सा होना उदित केश छलकाए,
खड्ग-दीप्ति में रणारूढ़ सैनिक को
दिखलाना मृदु विभा प्रिया के मुख की!

कभी समर में हो अदृश्य शूरों के
श्रुति-पुट पर चुम्बन का नाद बजाना,
कभी तमिस्रा में विलासिनी-सी आ
क्लान्त शिराओं में जृम्भा फैलाना।

आना गीतों में मादकता बनकर
श्रुति-पथ के आलस्य प्राण में भरते,
जग में जीवन को यों छोड़ बहाना,
मन्द-वाहिनी सरि में एक कुसुम ज्यों,
मन्द पवन में अथवा सुरभि सुमन की।

(यज्ञोन्मुखी)

सन-सन-सा बज रहा रक्त में अब भी,
तप्त अभी भी है लोहू की धारा,
किन्तु, चरण दृढ़ जिधर आज हैं मेरे
चुम्बन की आवाज नहीं सुनता हूँ।

रंगों की दुनिया जो एक मिली थी,
मिट्टी को दी चढ़ा भेंट वह मैंने!
यज्ञारणि की कलम आज है कर में
सुप्रणीत सिद्धाग्नि जलाने वाली।

मैं क्या जानूँ, यज्ञ कौन फल देगा?
हरित शस्य या वृषभ पुष्ट बलशाली।
सुनता हूँ, जब याग पूर्ण होता है,
दोनों ही मिलते हैं यजमानों को।

महाश्चर्य! सन्दीप्ति भूल कर अपनी
सिंह भीत हो छिपा घनान्ध गुहा में;
जी करता है, इस कदर्य के मुख पर
मल दूँ लेकर मुट्ठी भर चिनगारी।

(महामानव की खोज)

ऊब गया हूँ देख चतुर्दिक् अपने
अजा-धर्म का ग्लानि-विहीन प्रवर्तन,
युग-सत्तम सम्बुद्ध पुनः कहता है,
ताप कलुष है, शिखा बुझा दो मन की।

मैं मनुष्य हूँ, दहन धर्म है मेरा;
मृत्ति साथ अग्निस्फुलिंग है, मुझमें;
तुम कहते हो 'शिखा बुझा दो', लेकिन,
आग बुझी, तो पौरुष शेष रहेगा?

शास्ता का यह वचन, "द्रोह को छोड़ो,
मानव हो, तुम उठो मलों से ऊपर,
महामनोबल, शक्ति अजेय तुम्हारी,
दानव को जीतो तुम देव-गुणों से।"

एक हाथ की भिन्न-शक्ति रचनाएँ,
सुर होते कृशकाय, किरणवपु केवल;
नर के होतीं अस्थि, मांस, मज्जाएँ,
और आग-सी भी कुछ चीज लहू में।

गरल - द्रोह - प्रतिशोधमयी ज्वालाएँ
भरी हुईं हममें, पर, हम मानव हैं,
नरता, मानवता, पौरुष से बढ़कर
सुर में क्या गुण श्रेष्ठ, जिन्हें हम सीखें?

नर-जीवन सन्दीप्त विविध रागों से,
पल-पल नव संघर्ष, प्रश्न नित नूतन,
साक्षी है इतिहास, किन्तु संगर में
स्वर्ग हारता ही आया पृथ्वी से?

तृणाहार कर सिंह भले ही फूले
परमोज्ज्वल देवत्व-प्राप्ति के मद में;
पर, हिंस्रों के बीच भोगना होगा
नख-रद के क्षय का अभिशाप उसे ही।

जहाँ वक्र है धरा, कुटिल गति जल की,
जहाँ पंथ ऋजु, जल सीधा बहता है,

मानव का जीवन प्रवाह निर्झर का
द्विधा-रुद्ध हो तजता नहीं प्रगति को।

सम्मुख हैं दो पंथ मृत्तिमय नर के,
ज्वलित-प्राण योगी हो या कि विजेता;
वृथा जन्म, बैठी न अंक में जिसके
विबुध-भूमि या वीर-वधू वसुधा ही।

अन्वेषी मैं उस प्रचंड मानव का
चलता जो बाँहों पर स्वर्ग उठाए,
जिसकी साँसों पर नाचता प्रभंजन,
इंगित पर इतिहास बदल जाते हैं।

खोज रहा, पर कहीं नहीं मिलता है
वह, जो होगा घनीभूत ज्वाला-सा,
आहट-सी केवल उसकी पाता हूँ
कभी-कभी अपने ज्वलन्त छन्दों में।

ज्योतिर्मय अद्‌भुत मनुष्य वह, जिसके
स्मरणमात्र से मनस्तेज बढ़ता है,
मानस की कुत्सा निहीन जल जाती,
लहरा उठता लोल सिन्धु जीवन का।

वह मनुष्य जो रणारूढ़ होने पर
त्रस्नु धर्म का पृष्ठ नहीं खोलेगा;
द्विधा और व्यामोह घेरकर जिसको
मृषा तर्क से बाँध नहीं पाएँगे!

पोतेगा इतिहास नहीं पौरुष का
आँखों की कीचड़ से जो बलशाली,
क्लीव-धर्म का चित्र नहीं साजेगा
क्षमा-दया के सुघर बेल-बूटों से।

मैं उसका कवि, जो कि द्विभुज प्राणी को,
मानेगा समकक्ष चतुर्भुज सुर के,
स्वर्ग और पृथ्वी दोनों नत होकर
परित्राण-आशिष जिससे माँगेंगे।

मानवेन्द्र वह अग्रदूत धरणी का,
अमृत-कलशवाही, धर्म्मध्वजधारी,
वज्र-प्राण जिसके अन्तर में करुणा
छिपी हुई होगी गिरि में निर्झर-सी।

शैल-शिखर-सा प्रांशु, गम्भीर जलधि-सा,
दिनमणि-सा समदृष्टि, विनीत विनय-सा,
झंझा-सा बलवान, काल-सा क्रोधी,
धीर अचल-सा, प्रगतिशील निर्झर-सा।

जिस युग में, जिस देश, जाति या कुल में,
वर्तमान में या भविष्य-गह्वर में,
पुरुष विक्रमी हो वह जहाँ कहीं भी,
है नमस्य मेरा वह शीश-मुकुट-सा।

(हुंकार, प्र.सं.)

साधना और द्विधा

थी रात जब अलसा रही भू पर वसन्ती चाँदनी,
पुरवा चली जब आ रही थी दूर निद्रा-लोक से।

वन के किसी सुनसान में निज हाथ में मुरली लिए,
बैठा पुलिन पर तब कहीं कवि साधना में लीन था।

धुल चाँदनी से थी बिछी दूर्वा तटी के स्वप्न-सी,
जब-तब द्रुमों की डालियाँ हिलतीं दिशा के मौन में।

थी ऊँघती सुषमा कली पर, किसलयों की गोद में,
सारा विपिन था रम्य दिव के ग्रीष्म-शयनागार-सा।

सहसा महावाणी हुई अवतीर्ण भू पर स्वर्ग से,
कवि के समक्ष खड़ी हुई अपने अनावृत रूप में।

खुल-से गये कवि-नेत्र, वंशी गुनगुनाने-सी लगी;
कम्पित हुआ जल प्राण का अनुभूति की हिलकोर से।

लहरा उठी नव चेतना गिरि से तृणों के मूल तक,
ललचा उठे सब गीत में अमरत्व पाने के लिए।

"इन सम्पुटों में कौन छवि, जिसको नहीं हम खोलतीं?
गाओ उसे भर गीत में"—यों बाल-कलियों ने कहा।

"जिसके लिए घर से चली कवि! धूल वन-वन छानती,
वह प्राणवल्लभ है कहाँ?" कह निर्झरी रोने लगी।

गिरि ने दरी-मुख से कहा—"दृष्टा! कहो, मेरी व्यथा,
वह कौन विस्मय है, जिसे मैं देखकर निर्वाक् हूँ?"

बोले नखत—"जलते विफल हम किस निठुर की राह में?
हर प्रात बनकर ओस चू पड़ते पिघल किस पीर से?"

"शिव-कंठ से नीचे न जा पाया हलाहल सिन्धु का;
मैंने पिया रस घूँट भर संसार का, औ' जल गया।

मेरे हृदय-पीयूष-घट (शुभ्रांशु) में दूषण लगा।"
नभ ने कहा—"बोलो कवे! कितना गरल है विश्व में?"

तब लड़खड़ाती-सी हवा पर दूर लोकारण्य से
आई प्रतिध्वनि गूँजती-सी क्षीण हाहाकार की।

"नीचे बिछी पृथ्वी, तना ऊपर वियत भगवान् का,
पर, इस भरे जग में गरीबों का हितू कोई नहीं।

चढ़ती किसी की बूट पर पालिश किसी के खून की,
जीवित मरालों की चिता है सभ्यता की गोद में।"

*

जिस रूप की झाँकी लिए कलियाँ अभी तक बन्द हैं,
हैं ढूँढ़ती फिरतीं जिसे नदियाँ विकल संसार में।

जिसके विराट् रहस्य को लख शैल युग से मौन हैं,
निर्दोष हंसों की पुरी जलती उसी के सामने।

शत कंठ ले वंशी प्रतीक्षा कर रही आदेश की;
विस्मित, चकित है, किन्तु कवि निर्वाक् तब से शैल-सा।

(हुंकार, प्र.सं.)

गीत-शिशु

आशीर्वचन कहो मंगलमयि, गायन चले हृदय से,
दूर्वासन दो अवनि! किरण मृदु, उतरो नील निलय से।
बड़े यत्न से जिन्हें छिपाया, ये वे मुकुल हमारे,
जो अब तक बच रहे किसी विध ध्वंसक इष्ट-प्रलय से।

ये अबोध कल्पक के शिशु क्या रीति जगत की जानें,
कुछ फूटे रोमांच-पुलक से, कुछ अस्फुट विस्मय से।
निज मधु-चक्र निचोड़ लगन से पाला इन्हें हृदय ने,
बड़े नाज से, बड़ी साध से, ममता, मोह प्रणय से।

चुन अपरूप विभूति सृष्टि की मैंने रूप सँवारा,
उड्डु से द्युति, गति बाल लहर से, सौरभ रुचिर मलय से।

सोते-जगते मृदुल स्वप्न में सदा किलकते आये,
नहीं उतारा कभी अंक से कठिन भूमि के भय से।

नन्हे अरुण चरण ये कोमल, क्षिति की परुष प्रकृति है,
मुझे सोच, पड़ जाय कहीं पाला न कुलिश निर्दय से।
अर्जित किया ज्ञान कब इनने, जीवन का दुख झेला?
अभी अबुध ये खेल रहे थे रजकण के संचय से।

सीख न पाय रेणु-रत्न का भेद अभी ये भोले,
मुट्ठी भर मिट्टी बदलेंगे कंचन-रचित वलय से।
कुछ न सीख पाये, तो भी रुक सके न पुण्य-प्रहर में,
घुटनों बल चल पड़े, पुकारा तुमने देवालय से।

रुन-झुन-झुन पैंजनी चरण में, केश कुटिल घुँघराले,
नील नयन देखो माँ! इनके दाँत धुले हैं पय से।
देख रहे अति चकित रत्न-मणियों के हार तुम्हारे,
विस्फारित निज नील नयन से, कौतुक-भरे हृदय से।

कुछ विस्मय, कुछ शील दृगों में, अभिलाषा कुछ मन में,
पर, न खोल पाते मुख लज्जित प्रथम-प्रथम परिचय से।
निपुण गायकों की रानी, इनकी भी एक कथा है,
सुन लो, क्या कहने आये हैं ये तुतली-सी लय से।

छूकर भाल वरद कर से, मुख चूम बिदा दो इनको;
आशिष दो, ये सरल गीत-शिशु विचरें अजर-अजय-से।
दिशि-दिशि विविध प्रलोभन जग में, मुझे चाह, बस, इतनी,
कभी निनादित द्वार तुम्हारा हो इनकी जय-जय से।

(रसवन्ती, 1939)

शेष गान

संगिनि, जी भर गा न सका मैं।

(1)

गायन एक व्याज इस मन का,
मूल ध्येय दर्शन जीवन का।
रँगता रहा गुलाब, पटी पर अपना चित्र उठा न सका मैं।

(2)

इन गीतों में रश्मि अरुण है,
बाल ऊर्मि, दिनमान तरुण है।
बँधे अमित अपरूप रूप, गीतों में स्वयं समा न सका मैं।

(3)

बँधे सिमट कुछ भाव प्रणय के,
कुछ भय, कुछ विश्वास हृदय के,
पर इन से जो परे तत्व, वर्णों में उसे बिठा न सका मैं।

(4)

घूम चुकी कल्पना गगन में,
विजय विपिन, नन्दन-कानन में।
अग-जग घूम थका, लेकिन, अपने घर अब तक आ न सका मैं।

(5)

गाता गीत विजय-मद-माता,
मैं अपने तक पहुँच न पाता।
स्मृति-पूजन में कभी देवता को दो फूल चढ़ा न सका मैं

(6)

परिधि-परिधि मैं घूम रहा हूँ;
गन्ध-मात्र से झूम रहा हूँ।
जो अपीत रस-पात्र अचुम्बित; उस पर अधर लगा न सका मैं।

(7)

सम्मुख एक ज्योति झिलमिल है,
हँसता एक कुसुम खिलखिल है।
देख-देख मैं चित्र बनाता, फिर भी चित्र बना न सका मैं।

(8)

पट पर पट मैं खींच हटाता,
फिर भी कुछ अदृश्य रह जाता।
यह मायामय भेद कौन? मन को अब तक समझा न सका मैं।

(9)

पल-पल दूर देश है कोई,
अन्तिम गान शेष है कोई,
छाया देख जिसकी, काया का परिचय पा न सका मैं।

(10)

उड़े जा रहे पंख पसारे,
गीत व्योम के कूल-किनारे,
उस अगीत की ओर जिसे प्राणों से कभी लगा न सका मैं।

(11)

जिस दिन वह स्वर में आयेगा,
शेष न फिर कुछ रह जायेगा,
कहकर उसे कहूँगा वह, जो अब तक कभी सुना न सका मैं।

(रसवन्ती, 1939)

शोणित में घोल निज

शोणित में घोल निज अश्रु करुणा से भरे
कल्पना बिलपती फिरी कलिंग-रण से।
कवि था प्रसन्न, हुई लेखनी पवित्र, अब
युद्ध का कलुष उठ जाएगा भुवन से।
इतने में कौंध गई दामिनी प्रचंड एक,
श्रुति में पड़ी आ ध्वनि गूँजती गगन से।
भीम रूप देख भीत होता है मनुष्य कोई
वाणी से विरागी औ' कदर्य तन-मन से।

(रश्मिलोक, 'मेरी काव्य-यात्रा' शीर्षक भूमिका, अनुमानतः, 1940-41)

ओ अशेष! निःशेष बीन का

ओ अशेष! निःशेष बीन का एक तार था मैं ही!
स्वर्भू की सम्मिलित गिरा का एक द्वार था मैं ही!

तब क्यों बाँध रखा कारा में?
कूद अभय उत्तुंग शृंग से?
बहने दिया नहीं धारा में।
लहरों की खा चोट गरजता;
कभी शिलाओं से टकराकर
अहंकार प्राणों का बजता।

चट्टानों के मर्म-देश पर बजता नाद तुम्हारा;
जनाकीर्ण संसार श्रवण करता संवाद तुम्हारा।
भूल गये आग्नेय! तुम्हारा अहंकार था मैं ही;
स्वर्भू की सम्मिलित गिरा का एक द्वार था मैं ही।

ओ अशेष! निःशेष बीन का एक तार था मैं ही!
स्वर्भू की सम्मिलित गिरा का एक द्वार था मैं ही!

तब क्यों दह्यमान यह जीवन
चढ़ न सका मन्दिर में अबतक
बन सहस्र वर्त्तिक नीराजन
देख रहा मैं वेदि तुम्हारी,
कुछ टिमटिम, कुछ-कुछ अँधियारी।

और इधर निर्जन अरण्य में
उद्‌भासित हो रहीं दिशाएँ;
जीवन दीप्त जला जाता है;
ये देखो निर्धूम शिखाएँ।

मुझ में जो मर रही, जगत् में कहाँ भारती वैसी?
जो अवमानित शिखा, किसी की कहाँ आरती वैसी?
भूल गये देवता, कि यज्ञिय गन्धसार था मैं ही,
स्वर्भू की सम्मिलित गिरा का एक द्वार था मैं ही।

ओ अशेष! निःशेष बीन का एक तार था मैं ही!
स्वर्भू की सम्मिलित गिरा का एक द्वार था मैं ही!

तब क्यों इस जम्बाल-जाल में
मुझे फेंक मुसकाते हो तुम?
मैं क्या हँसता नहीं देवता,
पूजा का बन सुमन थाल में?

मेरी प्रखर मरीचि देखती
उठा सान्द्र तम का अवगुण्ठन;
देती खोल अदृष्ट-ग्रन्थि,
संसृति का गूढ़ रहस्य पुरातन।

थकी बुद्धि को पीछे तजकर
मैं श्रद्धा का दीप जलाता,

बहुत दूर चलकर धरती के
हित पीयूष-कलश ले आता;

लाता वे स्वर जो कि शब्दगुण
अम्बर के उर में हैं संचित;
गाता वे सन्देश कि जिन से
स्वर्ग-मर्त्य, दोनों हैं वंचित।

कर में उज्ज्वल शंख, स्कन्ध पर
लिये तुम्हारी विजय-पताका,
अमृत-कलश-वाही धरणी का,
दूत तुम्हारी अमर विभा का।

चलता मैं फेंकते मलीमस पापों पर चिनगारी,
सुन उद्बोधन-नाद नींद से जग उठते नर-नारी।
भूल गये देवता, उदय का महोच्चार था मैं ही,
स्वर्भू की सम्मिलित गिरा का एक द्वार था मैं ही।

(सामधेनी, 1941)

अन्तिम मनुष्य

सारी दुनिया उजड़ चुकी है,
गुजर चुका है मेला;
ऊपर है बीमार सूर्य,
नीचे मैं मनुज अकेला।

बाल-उमंगों से देखा था
मनु ने जिसे उभरते,
आज देखना मुझे बदा था
उसी सृष्टि को मरते।

वृद्ध सूर्य की आँखों पर
माँड़ी-सी चढ़ी हुई है,
दम तोड़ती हुई बुढ़िया-सी
दुनिया पड़ी हुई है।

कहीं-कहीं गढ़, ग्राम, बगीचों
का है शेष नमूना,
चारों ओर महा मरघट है,
सब है सूना-सूना।

कौमों के कंकाल झुण्ड के
झुण्ड, अनेक पड़े हैं;
ठौर-ठौर पर जीव-जन्तु के
अस्थि-पंज बिखरे हैं।

घर में सारे गृही गये मर,
पथ में सारे राही,
रण के रोगी जूझ मरे
खेतों में सभी सिपाही।

कहीं आग से, कहीं महामारी से,
कहीं कलह से
गरज कि पूरी उजड़ चुकी है
दुनिया सभी तरह से।

अब तो कहीं नहीं जीवन की
आहट भी आती है;
हवा दमे की मारी कुछ
चलकर ही थक जाती है।

किरण सूर्य की क्षीण हुई
जाती है बस दो पल में,

दुनिया की आखिरी रात
छा जायेगी भूतल में।

कोटि-कोटि वर्षों का क्रममय
जीवन खो जायेगा,
मनु का वंश बुझेगा,
अन्तिम मानव सो जायेगा।

आह सूर्य! हम-तुम जुड़वें
थे निकले साथ तिमिर से,
होंगे आज विलीन साथ ही
अन्धकार में फिर से।

सच है, किया निशा ने मानव
का आधा मन काला,
पर, आधे पर सदा तुम्हारा
ही चमका उजियाला।

हम में अगणित देव हुए थे
अगणित हुए दनुज भी,
सब कुछ मिला-जुलाकर लेकिन,
हम थे सदा मनुज ही।

हत्या भी की और दूसरों
के हित स्वयं मरे भी,
सच है, किया पाप, लेकिन,
प्रभु से हम सदा डरे भी।

तब भी स्वर्ग कहा करता था
"धरती बड़ी मलिन है,
मर्त्य-लोक-वासी मनुजों की
जाति बड़ी निर्घिन है।"

निर्धिन थे हम, क्योंकि राग से
थे संघर्ष हमारा,
पलता था पंचाग्नि-बीच
व्याकुल आदर्श हमारा।

हाय, प्राण ही नहीं, तुझे यदि
होता मांस-लहू भी,
ओ स्वर्वासी अमर! मनुज-सा
निर्धिन होता तू भी,

काश, जानता तू कितना
धमनी का लहू गरम है,
चर्म-तृषा दुर्जेय, स्पर्श-सुख
कितना मधुर नरम है।

ज्वलित पिंड को हृदय समझकर
ताप सदा सहते थे,
पिघली हुई आग थी नस में,
हम लोहू कहते थे।

मिट्टी नहीं, आग का पुतला,
मानव कहाँ मलिन था?
ज्वाला से लड़नेवाला यह
वीर कहाँ निर्धिन था?

हम में बसी आग यह छिपती
फिरती थी नस-नस में,
वशीभूत थी कभी, कभी
हम ही थे उसके बस में।

वह संगिनी शिखा भी होगी
मुझ से आज किनारा,

नाचेगी फिर नहीं लहू में
गलित अग्नि की धारा।

अन्धकार के महागर्त्त में
सब कुछ सो जायेगा,
सदियों का इतिवृत्त अभी
क्षण भर में खो जायेगा।

लोभ, क्रोध, प्रतिशोध, कलह की
लज्जा-भरी कहानी,
पाप-पंक धोने वाला
आँखों का खारा पानी।

अगणित आविष्कार प्रकृति के
रूप जीतने वाले
समरों की असंख्य गाथाएँ
नर के शौर्य निराले,

संयम, नियम, विरति मानव की,
तप की ऊर्ध्व शिखाएँ,
उन्नति और विकास, विजय की
क्रमिक स्पष्ट रेखाएँ,

होंगे सभी विलीन तिमिर में,
हाय! अभी दो पल में,
दुनिया की आखिरी रात
छा जायेगी भूतल में।

डूब गया लो सूर्य; गई मुँद
केवल-आँख भुवन की;
किरण साथ ही चली गई
अन्तिम आशा जीवन की।

सब कुछ गया; महा मरघट में
मैं हूँ खड़ा अकेला,
या तो चारों ओर तिमिर है,
या मुर्दों का मेला।

लेकिन, अन्तिम मनुज प्रलय से
अब भी नहीं डरा है,
एक अमर विश्वास ज्योति-सा
उस में अभी भरा है।

आज तिमिर के महागर्त्त में
वह विश्वास जलेगा,
खुद प्रशस्त होगा पथ, निर्भय
मनु का पुत्र चलेगा।

निरावरण हो जो त्रिभुवन में
जीवन फैलाता है।
वही देवता आज मरण में
छिपा हुआ आता है।

देव, तुम्हारे रुद्र रूप से
निखिल विश्व डरता है,
विश्वासी नर एक शेष है
जो स्वागत करता है।

आओ खोले जटा-जाल,
जिह्वा लेलिह्य पसारे,
अनल-विशिख-तूणीर सँभाले,
धनुष ध्वंस का धारे।

जय हो! जिनके कर-स्पर्श से
आदि पुरुष थे जागे,
सोयेगा अन्तिम मानव भी,
आज उन्हीं के आगे।

(सामधेनी, 1942)

तिमिर में स्वर के बाले दीप, आज फिर आता है कोई

तिमिर में स्वर के बाले दीप, आज फिर आता है कोई।

'हवा में कब तक ठहरी हुई
रहेगी जलती हुई मशाल?
थकी तेरी मुट्ठी यदि वीर,
सकेगा इसको कौन सँभाल?'

अनल-गिरि पर से मुझे पुकार, राग यह गाता है कोई।

हलाहल का दुर्जय विस्फोट,
भरा अंगारों से तूफान,
दहकता-जलता हुआ खगोल,
कड़कता हुआ दीप्त अभिमान।

निकट ही कहीं प्रलय का स्वप्न, मुझे दिखलाता है कोई।

सुलगती नहीं यज्ञ की आग,
दिशा धूमिल, यजमान अधीर;
पुरोधा-कवि कोई है यहाँ?
देश को दे ज्वाला के वीर।

धुओं में किसी वह्नि का आज निमन्त्रण लाता है कोई।

(सामधेनी, 1944)

अचेतन मृत्ति, अचेतन शिला

अचेतन मृत्ति, अचेतन शिला।

रुक्ष दोनों के वाह्य स्वरूप,
दृश्य-पट दोनों के श्रीहीन;
देखते एक तुम्हीं वह रूप
जो कि दोनों में व्याप्त, विलीन,

ब्रह्म में जीव, वारि में बूँद,
जलद में जैसे अगणित चित्र।

ग्रहण करती निज सत्य-स्वरूप
तुम्हारे स्पर्शमात्र से धूल,
कभी बन जाती घट साकार,
कभी रंजित, सुवासमय फूल।

और यह शिला-खण्ड निर्जीव,
शाप से पाता-सा उद्धार,
शिल्पि, हो जाता पाकर स्पर्श
एक पल में प्रतिमा साकार।

तुम्हारी साँसों का यह खेल,
जलद में बनते अगणित चित्र।

मृत्ति, प्रस्तर, मेघों का पुञ्ज,
लिये मैं देख रहा हूँ राह,
कि शिल्पी आयेगा इस ओर
पूर्ण करने कब मेरी चाह।

खिलेंगे किस दिन मेरे फूल?
प्रकट होगी कब मूर्त्ति पवित्र?

और मेरे नभ में किस रोज
जलद विहरेंगे बनकर चित्र?

शिल्पि, जो मुझ में व्याप्त, विलीन,
किरण वह कब होगी साकार?

(सामधेनी, 1945)

मृत्ति-पुत्र

क्या गाऊँ रस-गीत कल्प-कानन का,
वियत्कमल का?
रसे, मैं न मधुमुख रसनायक
गायक विधु-मंडल का।

मैं विदग्ध जीवन का स्वर
लहराता हुआ पवन में;
तृषित भूमि का नाद गूँजता
हुआ अखण्ड गगन में।

हृदय-वेदि अभिषिक्त नहीं,
सौरभ से हरि-चन्दन के।
भरते हैं रसकोष प्राण का
पाटल मृत्यु-भुवन के।

करस्पर्श से रही दूर
बहती स्वर्णदी निराली।
हुई सत्य मुझको गंगा
मिट्टी पर बहने वाली।

सही ग्लानि-कुत्सा जीवन की,
पंक भूमि का झेला।
किया कुसुम-रस पान, ज्योति,
से भी जी भर कर खेला।

बहा स्वेदकण, फोड़ निकाली
धारा अगम-अतल से।
छक कर पिया दूध मिट्टी का
मैंने निज भुजबल से।

(प्रण-भंग तथा अन्य कविताएँ, 1945)

रात यों कहने लगा मुझसे गगन का चाँद

रात यों कहने लगा मुझसे गगन का चाँद,
आदमी भी क्या अनोखा जीव होता है!
उलझनें अपनी बनाकर आप ही फँसता,
और फिर बेचैन हो जगता, न सोता है।

जानता है तू कि मैं कितना पुराना हूँ?
मैं चुका हूँ देख मनु को जनमते-मरते;
और लाखों बार तुझ-से पागलों को भी
चाँदनी में बैठ स्वप्नों पर सही करते।

आदमी का स्वप्न? है वह बुलबुला जल का;
आज उठता और कल फिर फूट जाता है;
किन्तु, फिर भी धन्य; ठहरा आदमी ही तो?
बुलबुलों से खेलता, कविता बनाता है।

मैं न बोला, किन्तु मेरी रागिनी बोली,
देख फिर से, चाँद! मुझको जानता है तू?

स्वप्न मेरे बुलबुले हैं? हैं यही पानी?
आप को भी क्या नहीं पहचानता है तू?

मैं न वह जो स्वप्न पर केवल सही करते,
आग में उसको गला लोहा बनाती हूँ,
और उस पर नींव रखती हूँ नये घर की
इस तरह दीवार फौलादी उठाती हूँ।

मनु नहीं, मनु-पुत्र है यह सामने जिसकी
कल्पना की जीभ में भी धार होती है,
बाण ही होते विचारों के नहीं केवल,
स्वप्न के भी हाथ में तलवार होती है।

स्वर्ग के सम्राट् को जाकर खबर कर दे,
"रोज ही आकाश चढ़ते जा रहे हैं ये,
रोकिये, जैसे बने इन स्वप्नवालों को
स्वर्ग की ही ओर बढ़ते आ रहे हैं ये।"

(सामधेनी, 1946)

इस्तीफा

लगा शाप, यह बाण गया झुक, शिथिल हुई धनु की डोरी,
अंगों में छा रही, न जाने, तंद्रा क्यों थोड़ी-थोड़ी!

विनय मान मुझको जाने दो,
शेष गीत छिप कर गाने दो,
मुझसे तो न सहा जाएगा अब असीम यह कोलाहल,
जी न सकूँगा पंक झेल, अब पी न सकूँगा ग्लानि-गरल।

मन तक पहुँच न पाते हैं जो,
मिट्टी देख घिनाते हैं जो,

इनके बीच रहूँ, पाऊँ वह छद्म-जड़ित परिधान कहाँ?
बीन सुनाऊँ किसे? छिपाऊँ यह अपना अभिमान कहाँ?

मुझे तुम्हारा वेश न भूला,
अनल-भरा आदेश न भूला,
जहाँ रहा, दिन-रात फूँकता रहा शंख पूरे बल से,
झरते रहे सदा आशिष के फूल तुम्हारे अंचल से।

तिमिरमयी धरती थी सारी,
छिपी खोह में थी उजियारी,
तब भी, आशीर्वाद तुम्हारा आग-सरीखा बलता था,
इसी बाँसुरी के छिद्रों से रह-रह लपट उगलता था।

तब भी मिली नहीं जयमाला,
मिला कराल जहर का प्याला,
दुनिया कहकर चली गई, क्यों ध्वजा गिरी तेरे कर से;
पूछा नहीं, अनल यह कैसा फूट रहा तेरे स्वर से।

रजत-शंख का दान मिला था,
मुझे वह्नि का गान मिला था,
गिरि-शृंगों पर अभय आज भी शंख फूँकता चलता हूँ,
बुझा कहाँ? मैं मध्य सूर्य के आलिंगन में जलता हूँ।

लेकिन विश्व कहे सो मानूँ,
इसी तरह निज को पहचानूँ
अच्छा, लो यह कवच, उतरता हूँ विराट, लोहित रथ से।
घर की पगडंडी धरता हूँ अभी उतर ज्वाला-पथ से।

आग समर्पित है यह, ले लो,
दान करो अथवा खुद खेलो।
प्यारी वह्नि! विदा, जाता हूँ, हृदय यहाँ अकुलाता है,
विधु-मण्डल से कुमुद फेंककर कोई मुझे बुलाता है।

कोई शंख बजाएगा ही,
तप्त ऊर्मि उपजाएगा ही,
स्वामिनि! मेरी चाह, निनादित सदा तुम्हारा द्वार रहे,
मैं न रहूँ, न रहूँ, पर गुंजित केहरि का हुंकार रहे।

सेवा की बख्शीश मुझे दो,
केवल यह आशीष मुझे दो,
कभी तुम्हारे लिए कौमुदी-गृह का मैं निर्माण करूँ,
कवि-सा तो जी सका नहीं, आशिष दो, कवि की मौत मरूँ।

(मृत्ति-तिलक, 1946)

ओ सपनों की रानी

बहुत दिनों पर मिलीं आज तुम,
बैठो, कहूँ कहानी।
ओ मेरे मन की उजियाली,
ओ सपनों की रानी!

झपक-झपक-से रहे अभी
कुछ दिन से चाँद-सितारे।
मस्ती रूठ कहीं जा बैठी
निर्जन नदी किनारे।

जाने, क्या हो गया, प्रभंजन
पग-पग पर झड़ता है।
बिठा पीठ पर मुझे गगन में
जाने से डरता है।

चौराहे पर ठिठक रही
जाने, क्या सोच जवानी।

ओ मेरे मन की उजियाली,
ओ सपनों की रानी!

पहले-पहल कली अन्तर की
गीली कुछ पाता हूँ।
पहले-पहल धनुष की डोरी
ढीली कुछ पाता हूँ।

लगी उतरने किरण,
कड़ी दोपहरी बीत चली क्या?
पुलिन दीखने लगे,
बाढ़ की लहरी बीत चली क्या,

लौट चला क्या नदी ओर को
सिमट खेत से पानी?
ओ मेरे मन की उजियाली,
ओ सपनों की रानी!

सोच रहा हूँ, ये भी हैं
जीवन के अर्थ नये क्या?
सबका जीवन सफल दिवस
मेरे ही व्यर्थ गये क्या?

किस पर्वत की छाती पर
मैंने निज मान लिखा है?
किन पत्तों पर मैंने अपना
कोमल गान लिखा है?

है कोई भी हृदय अहर्निशि
जहाँ गूँजता हूँ मैं?
जीवित है देवता, ध्यान में
जिसे पूजता हूँ मैं?

पदरज हूँ या तिलक-बिन्दु,
विनयी हूँ या अभिमानी?
ओ मेरे मन की उजियाली
ओ सपनों की रानी!

(प्रण-भंग तथा अन्य कविताएँ, 1946)

भाइयो और बहनो!

लो शोणित, कुछ नहीं अगर
यह आँसू और पसीना,
सपने ही जब धधक उठें,
तब क्या धरती पर जीना?

सुखी रहो, दे सका नहीं मैं,
जो कुछ रो-समझा कर,
मिले कभी वह तुम्हें भाइयो-
बहनो! मुझे गँवा कर।

(धूप और धुआँ, 1949)

संस्कार

कल कहा एक साथी ने, तुम बर्बाद हुए;
ऐसे भी अपना भरम गँवाया जाता है?
जिस दर्पण में गोपन मन की छाया पड़ती,
वह भी सबके सामने दिखाया जाता है?

क्यों दुनिया तुमको पढ़े फक़त उस शीशे में
जिसका परदा सबके सम्मुख तुम खोल रहे?
इसके पीछे भी एक और दर्पण होगा;
कानाफूसी यह सुनो, लोग क्या बोल रहे?

तुम नहीं जानते बन्धु! चाहते हैं ये क्या;
इनके अपने विश्वास युगों से आते हैं;
है पास कसौटी, एक सड़ी सदियोंवाली,
क्या करें? उसी के ऊपर हमें चढ़ाते हैं!

सदियों का वह विश्वास, कभी मत क्षमा करो,
जो हृदय-कुंज में बैठ तुम्हीं को छलता है;
वह एक कसौटी, लीक पुरानी है जिस पर,
मारो उसको जो डंक मारते चलता है।

जब डंकों के बदले न डंक हम दे सकते,
इनके अपने विश्वास मूक हो जाते हैं,
काटता, असल में, प्रेत इन्हें अपने मन का,
मेरी निर्विषता से नाहक घबराते हैं।

(धूप और धुआँ, 1950)

लोहे के पेड़ हरे होंगे

लोहे के पेड़ हरे होंगे,
तू गान प्रेम का गाता चल,
नम होगी यह मिट्टी जरूर,
आँसू के कण बरसाता चल।

(1)

सिसकियों और चीत्कारों से
जितना भी हो आकाश भरा,
कंकालों का हो ढेर,
खप्परों से चाहे हो पटी धरा।

आशा के स्वर का भार
पवन को लेकिन, लेना ही होगा,

जीवित सपनों के लिए मार्ग
मुर्दों को देना ही होगा।

रंगों के सातों घट उँड़ेल,
यह अँधियाली रँग जाएगी,
ऊषा को सत्य बनाने को
जावक नभ पर छितराता चल।

(2)

आदर्शों से आदर्श भिड़े,
प्रज्ञा प्रज्ञा पर टूट रही,
प्रतिमा प्रतिमा से लड़ती है,
धरती की किस्मत फूट रही।

आवर्त्तों का है विषम जाल,
निरुपाय बुद्धि चकराती है,
विज्ञान-यान पर चढ़ी हुई
सभ्यता डूबने जाती है।

जब-जब मस्तिष्क जयी होता,
संसार ज्ञान से जलता है,
शीतलता की है राह हृदय,
तू यह संवाद सुनाता चल।

(3)

सूरज है जग का बुझा-बुझा,
चन्द्रमा मलिन-सा लगता है,
सबकी कोशिश बेकार हुई,
आलोक न इनका जगता है।

इन मलिन ग्रहों के प्राणों में
कोई नवीन आभा भर दे,

जादूगर! अपने दर्पण पर
घिसकर इनको ताजा कर दे।

दीपक के जलते प्राण,
दिवाली तभी सुहावर होती है,
रौशनी जगत को देने को
अपनी अस्थियाँ जलाता चल।

(4)

क्या उन्हें देख विस्मित होना,
जो हैं अलमस्त बहारों में,
फूलों को जो हैं गूँथ रहे
सोने-चाँदी के तारों में।

मानवता का तू विप्र!
गन्ध-छाया का आदि पुजारी है,
वेदना-पुत्र! तू तो केवल
जलने भर का अधिकारी है।

ले बड़ी खुशी से उठा,
सरोवर में जो हँसता चाँद मिले,
दर्पण में रचकर फूल,
मगर, उसका भी मोल चुकाता चल।

(5)

काया की कितनी धूम-धाम?
दो रोज चमक बुझ जाती है;
छाया पीती पीयूष,
मृत्यु को ऊपर ध्वजा उड़ाती है।

लेने दे जग को उसे,
ताल पर जो कलहंस मचलता है,

तेरा मराल जल के दर्पण
में नीचे-नीचे चलता है।

कनकाभ धूल झर जाएगी,
ये रंग कभी उड़ जाएँगे,
सौरभ है केवल सार, उसे
तू सबके लिए जुगाता चल।

(6)

क्या अपनी उनसे होड़,
अमरता की जिनको पहचान नहीं,
छाया से परिचय नहीं,
गन्ध के जग का जिनको ज्ञान नहीं?

जो चतुर चाँद का रस निचोड़
प्यालों में ढाला करते हैं,
भट्ठियाँ चढ़ाकर फूलों से
जो इत्र निकाला करते हैं।

ये भी जागेंगे कभी, मगर,
आधी मनुष्यतावालों पर,
जैसे मुसकाता आया है,
वैसे अब भी मुसकाता चल।

(7)

सभ्यता-अंग पर क्षत कराल,
यह अर्ध मानवों का बल है,
हम रोकर भरते उसे,
हमारी आँखों में गंगाजल है।

शूली पर चढ़ा मसीहा को
वे फूले नहीं समाते हैं,

हम शव को जीवित करने को
छायापुर में ले जाते हैं।

भींगी चाँदनियों में जीता,
जो कठिन धूप में मरता है,
उजियाली से पीड़ित नर के
मन में गोधूलि बसाता चल।

(8)

यह देख नई लीला उनकी,
फिर उनसे बड़ा कमाल किया,
गांधी के लोहू से सारे
भारत-सागर को लाल किया।

जी उठे राम, जी उठे कृष्ण,
भारत की मिट्टी रोती है,
क्या हुआ कि प्यारे गांधी की
यह लाश न जिन्दा होती है?

तलवार मारती जिन्हें,
बाँसुरी उन्हें नया जीवन देती,
जीवन-शक्ति के अभिमानी!
यह भी कमाल दिखलाता चल।

(9)

धरती के भाग हरे होंगे,
भारती अमृत बरसाएगी,
दिन की कराल दाहकता पर
चाँदनी सुशीतल छाएगी।

ज्वालामुखियों के कंठों में
कलकंठी का आसन होगा,

जलदों से लदा गगन होगा,
फूलों में भरा भुवन होगा।

बेजान, यन्त्र-विरचित, गूँगी
मूर्तियाँ एक दिन बोलेंगी,
मुँह खोल-खोल सबके भीतर
शिल्पी! तू जीभ बिठाता चल।

(धूप और धूआँ, 1951)

कवि की मृत्यु

जब गीतकार मर गया, चाँद रोने आया,
चाँदनी मचलने लगी कफन बन जाने को।
मलयानिल ने शव को कन्धों पर उठा लिया,
वन ने भेजे चन्दन-श्रीखण्ड जलाने को।

सूरज बोला, यह बड़ी रोशनीवाला था,
मैं भी न जिसे भर सका कभी उजियाली से;
रँग दिया आदमी के भीतर की दुनिया को
इस गायक ने अपने गीतों की लाली से।

बोला बूढ़ा आकाश, ध्यान जब यह धरता,
मुझमें यौवन का नया वेग जग जाता था।
इसके चिन्तन में डुबकी एक लगाते ही,
तन कौन कहे, मन भी मेरा रँग जाता था।

देवों ने कहा, बड़ा सुख था इसके मन की
गहराई में डूबने और उतराने में।
माया बोली, मैं कई बार थी भूल गयी
अपने को गोपन भेद इसे बतलाने में।

योगी था, बोला सत्य, भागता मैं फिरता,
यह जाल बढ़ाये हुए दौड़ता चलता था।
जब-जब लेता यह पकड़ और हँसने लगता,
धोखा देकर मैं अपना रूप बदलता था।

मर्दों को आयीं याद बाँकपन की बातें,
बोले, जो हो, आदमी बड़ा अलबेला था।
जिसके आगे तूफान अदब से झुकते हैं,
उसको भी इसने अहंकार से झेला था।

नारियाँ बिलखने लगीं बाँसुरी के भीतर
जादू था, कोई अदा बड़ी मतवाली थी,
गर्जन में भी थी नमी, आग से भरे हुए
गीतों में भी कुछ चीज रुलानेवाली थी।

वे बड़ी-बड़ी आँखें आँसू से भरी हुईं,
पानी में जैसे कमल डूब उतराता हो।
वह मस्ती में झूमते हुए उसका आना,
मानो, अपना ही तनय झूमता आता हो।

चिन्तन में डूबा हुआ, सरल, भोला-भाला
बालक था, कोई पुरुष दिव्य अवतारी था।
तुम तो कहते हो मर्द, मगर, मन के भीतर
यह कलावन्त हमसे भी बढ़ कर नारी था।

चुपचाप जिन्दगी भर इसने जो जुल्म सहे,
उतना नारी भी कहाँ मौन हो सहती है?
आँखों के आँसू मन के भेद जता जाते,
कुछ सोच-समझ जिह्वा चाहे चुप रहती है।

पर, इसे नहीं रोने का भी अवकाश मिला,
सारा जीवन कट गया आग सुलगाने में।

आखिर, वह भी सो गया जिन्दगी ने जिसको,
था लगा रखा सोतों को छेड़ जगाने में।

बेबसी बड़ी उन बेचारों की क्या कहिये!
चुपचाप जिन्हें जीवन भर जलना होता है।
ऊपर-नीचे द्वेषों के कुन्त तने होते,
बचकर उनको बेदाग निकलना होता है।

जाओ, कवि, जाओ, मिला तुम्हें ज़ो कुछ हमसे,
दानी को उसके सिवा नहीं कुछ मिलता है।
चुन-चुन कर हम तोड़ते वही टहनी केवल
जिस पर कोई अपरूप कुसुम आ खिलता है।

विष के प्याले का मोल और क्या हो सकता?
प्रेमी तो केवल मधुर प्रीत ही देता है।
कवि को चाहे संसार भेंट दे जो, लेकिन,
बदले में वह निष्कपट गीत ही देता है।

आवरण गिरा, जगती की सीमा शेष हुई,
अब पहुँच नहीं तुम तक इन हाहाकारों की।
नीचे की महफिल उजड़ गयी, ऊपर कल से
कुछ और चमक उट्ठेगी सभा सितारों की।

(नील कुसुम, 1952)

काँटों का गीत

गीत नहीं, काँटे ले आओ।

चुप क्यों हो?
क्या सोच रहे हो, बापू इससे बिगड़ उठेंगे?
यह भी कोई तीर-तुपक है?

अमरीका का एटम बम है?
फ़क़त नोक भर ही चुभती है,
बाकी तो यह बहुत नरम है।

जब-जब फिरते गीत कान पर,
सुस्ती तन में भर जाती है;
इस मनुष्य की देह जानवर-सी
कुछ और पसर जाती है।

मानो, गीत नहीं ये कौए
बैठ काम को सुहलाते हैं;
जादू इनका यही, भैंस को
ये समाधि में ले जाते हैं।

यह मनुष्य वह नहीं
गीत से जिसका हृदय हिलाते थे तुम;
दीपक की लौ छुला
मोम-सा बार-बार पिघलाते थे तुम।

तब का मनुज भाव का भूखा,
भाव दीप-सा बल जाता था;
मिट्टी ही थी नरम, मेघ का
जादू उस पर चल जाता था।

वह मनुष्य मर गया;
शेष जो है, लक्ष्मी का नया जार है।
गीत उसे क्या,
जो कुबेर-पद पाने का उम्मीदवार है?

चौंकेगा यह गान श्रवण कर?
उच्च शिखर पर की पुकार
सुन कर व्याकुल हो पछतायेगा?

सोने का तज मोह साँप यह
गगरी छोड़ चला जायेगा?

नहीं, गीत के फूलों की
खुशबू का असर नहीं वह होगा।
अगर गीत को छोड़
तुम्हारे पास नहीं कोई इलाज हो,
तो लाओ वे गीत
कि जिनकी कड़ियाँ काँटेदार बनी हों;
झरबेरों के गीत कि जिनकी
हरियाली तीखी होती है।

"मगर-पुच्छ, सकुची, आड़ी का
जहर नहीं, आघात नहीं हो।"
मान लिया। बस, इसीलिए, तो
कहता हूँ, वे गीत बनाओ;
जिनके पत्तों की कोरों पर
काँटों की बूँदें बिखरी हों।

नहीं सूझता सत्य याकि
जब गीत सत्य से घबराते हैं;
बेचारे क्या करें? विवश
फूलों की ओर चले जाते हैं।

और जगत् की बात न पूछो,
फूल सभी को हर्षित करता;
रंग और खुशबू के मीठे
पुतलों से कोई कब डरता?

मगर, सत्य जब शीश उठाता,
पहले काँटे ही आते हैं;

फूलों के ये बड़े-बड़े प्रेमी
चुपचाप खिसक जाते हैं।

जो सोचो, बस, वही कहो,
जब सब से बड़ी बात कहनी हो।
सिर्फ सत्य मुँह से निकाल दो,
जब भी कड़ी बात कहनी हो।

कहो कि जैसे उड़ीं कलँगियाँ,
जैसे उड़े ज़री के जामे;
बेपनाह जिस तरह रहे उड़
राजाओं के मुकुट हवा में।

उसी तरह ये नोट तुम्हारे
पापी! उड़ जानेवाले हैं;
तप भी मारा गया, माल भी
और लोग पानेवाले हैं।

कहो, मार्क्स से डरे हुओं का
गाँधी चौकीदार नहीं है;
सर्वोदय का दूत किसी
संचय का पहरेदार नहीं है।

आशय में जिसके असत्य,
हिंसा से जिसकी कुत्सित काया,
सत्य न देगा धूप,
अहिंसा उसे न दे पायेगी छाया।

हैं कुछ ऐसी चीज कि जिसको
लिये अहिंसा भी जलती है;
जिसकी दारुण, प्रखर ज्योति
दिन-रात हिंसकों को खलती है।

दूध-फूल-चाँदनी मात्र कह
कौन व्यंग्य करता है, बोलो?
तप में बसती आग जहाँ,
मन्दिर का वह दरवाजा खोलो।

हठी! तुम्हारे पापों से
फिर एक प्रलय छानेवाला है।
गाँधी ने भूचाल किया,
तूफ़ान वही लानेवाला है।

(नील कुसुम, 1952)

सेतु-रचना

भूँक रहे जो उन्हें नहीं उत्तर दो,
तुम कुरूप हो, ऐसी बात नहीं है।
टूट रहे ये मुझे काट खाने को,
तुम पर तो कोई आघात नहीं है।

और तेज ये जितना करें नखों को,
अपना ही तो अंग नोच खायेंगे?
हम-तुम बसते जहाँ तुंग चोटी पर,
वहाँ द्वेष के कीट पहुँच पायेंगे?

ओर-छोर तक कैसे छाप सकेगा
तिमिर तुम्हारी छवि काली पाँखों से?
उड़ा-उड़ा कर ओझल कहाँ करेगा
पवन अक्षरों को जग की आँखों से?

मरण नहीं सारा सर्वस्व हरेगा,
चिता नहीं सब कुछ समेट पायेगी,
जो कुछ भी जल जाय, अन्त में सबके,
एक ज्योति जीवित ही रह जायेगी।

जैसे लाखों रसिक प्यार करते हैं,
वैसे ही, आगे भी प्यार करेंगे;
फूलों से, पत्तों से, ओस-कणों से
लोग तुम्हारा भी सत्कार करेंगे।

तुम्हें देख कर उन्हें याद आयेगा,
पहले भी नगराज कभी डोला है;
बाल-सूर्य को नमस्कार करने को
पहले भी कोई मृगेन्द्र बोला है।

पहले भी कोई जन घूम चुका है
गीतों के अम्बर में तूफानों पर;
आँधी को पायलें पिन्हा पहले भी
कोई कवि है नचा चुका गानों पर।

कोलाहल से भरे विश्व में कोई
कला-योग पहले भी साध चुका है।
निराकार स्वप्नों की आभाओं को
साँसों के धागों से बाँध चुका है।

रचो सेतु, दूरी अब भी बाकी है,
जन्म नहीं अपना जी बहलाने को;
शिल्प-श्रमिक हम आते हैं जीवन को
इस युग से उस युग में पहुँचाने को।

रचो सेतु जो भाव मूकता में हों,
दिन ढलने लग गया, उन्हें द्रुत स्वर दो;
निर्विकल्प हो रहो सेतु-रचना में,
भूँक रहे जो उन्हें नहीं उत्तर दो।

(नील कुसुम, 1953)

आशा की वंशी

लिख रहे गीत इस अन्धकार में भी तुम
रवि से काले बरछे जब बरस रहे हैं,
सरिताएँ जम कर बर्फ हुई जाती हैं,
जब बहुत लोग पानी को तरस रहे हैं?

इन गीतों से यह तिमिर-जाल टूटेगा?
यह जमी हुई सरिता फिर धार धरेगी?
बरसेगा शीतल मेघ? लोग भींगेंगे?
यह मरी हुई हरियाली नहीं मरेगी?

तो लिखो; और मुझ में भी जो आशा है,
उसको अपने गीतों में कहीं सजा दो।
ज्योतियाँ अभी इसके भीतर बाकी हैं,
लो, अन्धकार में यह बाँसुरी बजा दो।

(नील कुसुम, 1954)

कवि और समाज

ब्रह्माणी की बाँहों से छूटी बीन नहीं,
उड्डीन स्वप्न में नहीं मेनका के मन का;
भूले से जो आ गया नहीं मैं वह समीर,
कोकिल मैं भटका हुआ नहीं नन्दन-वन का।

अनजान दूरवासी फूलों की गन्ध नहीं,
पैं लहर नहीं अम्बरतल की झंकारों की;
बेसुध पराग मैं नहीं अगोचर के वन का,
मैं गूँज नहीं हर के धनु की टंकारों की।

रागिनी तुम्हारी धमनी में बजनेवाली,
मैं दाह तुम्हारे भीतर भरे अनल का हूँ,
शम्पाओं की हूँ कड़क तुम्हारे ही नभ की
गर्जन मैं तुममें छिपे हुए बादल का हूँ।

मैं हरसिंगार का वृक्ष मूल जिसका तुममें,
ये फूल नहीं, सपनों के गुच्छ तुम्हारे हैं,
मेरी रचना यह नील चँदोबा है केवल,
जगमगा रहे, वे सभी तुम्हारे तारे हैं।

मैं एक खण्ड वन-वेणु सात छिद्रोंवाला,
जिसमें से तुम मनचाही तान उठाते हो;
फूँकते कभी प्राणों की आग तरल करके,
वेदना कभी भींगी उमंग में गाते हो।

ऐसे देखो मत मुझे, अरे, मैं फूल नहीं,
जो अनाहूत अम्बर से उड़ कर आया है।
मैं उठा कि तुमने उठने को लाचार किया,
आया इसलिए कि तुमने मुझे बुलाया है।

अपनी पीड़ा कहने का कब अवकाश मिला?
मैं सदा तुम्हारा दर्द बोलता आया हूँ
जिनके ऊपर सौ चट्टानें थीं पड़ी हुई,
उन बेकलियों का भेद खोलता आया हूँ।

क्या भूल गये वह व्यथा, फूटने की ख़ातिर
जब आग हृदय के घेरों में अकुलाती थी,
अन्तर्मन की बेकली अँधेरे में उठ कर,
अन्तर में ही जब तड़प-तड़प रह जाती थी?

जब रंगों के उद्वेलित पारावार लिये
मेघों के ऊपर मेघ प्राण में घिरते थे,

जी खोल बरसने को व्याकुल हर ओर विफल
आँसू की छोटी राह खोजते फिरते थे।

वाणी-विहीन की व्यथा, हाय! वह क्या कहिये,
जब ज्वारों पर आवेग ज्वार के आते हैं;
खुलता न कण्ठ, विप्लवी क्रोध में भरे हुए
मुद्रित कपाट को पीट-पीट रह जाते हैं।

बेकली तुम्हारी मुझमें जब साकार हुई,
चट्टान द्वार की टूटी चरण-प्रहारों से।
हुंकारों से वन नहीं, भुवन गुंजार उठा,
पट गयी देश की भूमि अश्रु की धारों से।

मिट्टी पर तब से जहाँ तुम्हारा स्वेद गिरा,
मैंने उमंग में भर कर कोई गान लिखा;
औ' जहाँ-कहीं शोणित की पतली धार चली,
धूसर प्रतिभा ने वहाँ एक अभिमान लिखा।

प्रत्येक चरण पर अंगारे जो चमक रहे,
आगे भी उनकी पाँत चमकती जायेगी;
देवता! चढ़ा तुम पर जो रत्न-किरीट नहीं
हंसिनी कभी उसको क्यों शीश झुकायेगी?

है शेष यज्ञ जब तक अशेष हतभागों का,
शिंजिनी धनुष की तब तक नहीं नरम होगी,
शीतल होता जब तक जन-मन का ताप नहीं,
वंशी के उर की आग कहाँ से कम होगी?

जब तक ये ज्वालामुखी तुम्हारे जलते हैं,
सन्तप्तकण्ठ कण्ठीरव मूक नहीं होगा;
छूटते रहेंगे बाण, पन्थ में पड़ा हुआ
जब तक विशाल पर्वत दो टूक नहीं होगा।

सुनना हो जिनको, सुनें, कि मैं मायापुर में
रंगों के मोहक पाश तोड़ने आया हूँ,
जो आग खेत की पगडण्डी पर दौड़ रही
सुरपुर में उसकी लपट छोड़ने आया हूँ।

कहता हूँ, ओ मखमल-भोगियो! श्रवण खोलो,
टुक सुनो, विकल यह नाद कहाँ से आता है।
है आग लगी या कहीं लुटेरे लूट रहे?
वह कौन दूर पर गाँवों में चिल्लाता है?

जनता की छाती भिंदे और तुम नींद करो,
अपने भर तो यह जुल्म नहीं होने दूँगा।
तुम बुरा कहो या भला, मुझे परवाह नहीं,
पर, दोपहरी में तुम्हें नहीं सोने दूँगा।

हो कहाँ अग्निधर्मा नवीन ऋषियो? जागो,
कुछ नयी आग, नूतन ज्वाला की सृष्टि करो।
शीतल प्रमाद से ऊँघ रहे हैं जो, उनकी
मखमली सेज पर चिनगारी की वृष्टि करो।

गीतों से फिर चट्टान तोड़ता हूँ साथी,
झुरमुटें काट आगे की राह बनाता हूँ।
है जहाँ-जहाँ तमतोम सिमट कर छिपा हुआ,
चुनचुन कर उन कुंजों में आग लगाता हूँ।

(नील कुसुम, 1954)

हे राम, तुम्हारा कुत्ता

राम, जो तुम्हारा यह श्वान है,
कोढ़ी है, अपाहिज है, बड़ा बेईमान है।

अयश में डालता है तुम को।
बनियों के सामने हिलाता सदा दुम को।

जूठी पत्तलें भी चाट लेता है।
राही जो मिलें तो, भौंकता है, काट लेता है।

पिल्ले लिए घूमता है राह में,
जला हुआ द्वेष में, उबाला हुआ डाह में।

तुलसी के पास चल सोता है।
श्वान भी ढकोसले में तेज बड़ा होता है।

प्रेम-पुचकार सुनता नहीं।
जूते खाए बिना किसी को भी गुनता नहीं।

राम, मेरी जूतियों में नाल दो।
इसके गले में या चमौटी एक डाल दो।

(यह कविता कवि ने 'उग्र' जी की गालियों से चिढ़कर लिखी थी, जिसके लिए अपनी डायरी में उसने अफसोस जाहिर किया है। लिखा है, 'उनकी गालियाँ अगर मैंने चुपचाप सह ली होतीं, तो बहुत अच्छा किया होता।')

(दिनकर की डायरी, अनुमानतः, 1954-55)

उर्वशी काव्य की समाप्ति

[उर्वशी काव्य के पूर्ण होने पर पंत जी को लिखा गया एक पत्र]

मान्यवर! आप कवि की जय हो,
यह नया वर्ष मंगलमय हो।

अब एक नया संवाद सुनें,
दे मुझ को आर्शीवाद, सुनें।

हो गया पूर्ण उर्वशी-काव्य,
जो था वर्षों से असंभाव्य।

उपकार रोग भयकारी का,
यह रहा दान बीमारी का।

पर, खूब तपस्या कड़ी हुई,
बाधा कट-कट फिर खड़ी हुई।

मन को समेट सौ बार थका,
पर केन्द्रमग्न वह हो न सका।

जितनी भी की चिंता गहरी,
सूचिका नहीं ध्रुव पर ठहरी।

बरबस जब लिखने लगा छन्द,
देखा समाधि का द्वार बन्द।

मिन्नतें बहुत कीं माया की,
युवती पुरूरवा-जाया की।

पर, वह अजीब जिद्दी निकली,
अपनी शरारतों से न टली।

बैठ ही गई लेकर यह प्रण,
पट का न करूँगी उन्मोचन।

पर, मैं किवाड़ कूटता रहा,
पूरे बल से टूटता रहा।

जब जोर लगा उसको खोला,
तन भर का स्नायु-भुवन डोला।

मन उड़ा, किन्तु, धँस पड़ी देह;
कुछ रक्तचाप, कुछ मधु-प्रमेह।

गिर गया कई दिन सुध खो कर
चौखट पर ही मूर्च्छित हो कर।

रोकते रहे वैद्याधिराज,
पर, मन में था जग चुका बाज।

मुँह कभी नहीं मोड़ा उसने,
उड्डयन नहीं छोड़ा उसने।

फिर मैं भावों से भरा हुआ,
जैसे-तैसे उठ खड़ा हुआ।

बोला, सुन, मोहमयी ललने!
सब की माया, सब की छलने!

यह नहीं सामने कालिदास,
रस-कला-केलि-कविता-विलास।

कोमल-कर कान्त रवीन्द्र नहीं,
साधक योगी अरविन्द नहीं।

वैसे तो जन अविरोधी हूँ,
फिर भी, स्वभाव से क्रोधी हूँ।

पहचान कला-जग के पवि को,
खुरदुरे करोंवाले कवि को।

मत भाग-दौड़ कर क्रोध जगा,
सीधे चलकर आ, गले लगा।

अपना शिरीष-सा गात देख,
फिर फटे-चिटे ये हाथ देख।

जो पास नहीं खुद आएगी,
तो वृथा देह नुचवाएगी।

तब महाराज! वह मान गई,
यह भी पीछे पहचान गई,
मैं ही पुरूरवा राजा था,
हाँ, तब अब से कुछ ताजा था।

था उसे खिलाता केवल घृत,
खुद मैं पीता था सोम-अमृत।

उन दिनों रोग से खाली था,
मैं बड़ा पुष्ट, बलशाली था।

उर्वशी याद करके वह सुख,
हँस पड़ी सामने करके मुख।

जब त्रिया करे ऐसा, तब नर
चूमेगा कैसे नहीं अधर?

उर्वशी कंठ से झूल गई,
जो था गुस्सा, सब भूल गई।

फिर क्या था? सब खुल गए भेद,
हो उठा विभासित कामवेद।

मैं घोर चिंतना में धँस कर
पहुँचा भाषा के उस तट पर
था जहाँ काव्य यह धरा हुआ,
सब लिखा-लिखाया पड़ा हुआ।

बस, झेल गहन गोते का सुख
ले आया इसे जगत्-सम्मुख।
तब भी, मेरा है एक श्रेय,
यह कथा न थी मुझ को सुगेय।

फिर भी जितना सह सकती थी,
भाषा जो कुछ कह सकती थी,
या जितना मेरे बस में है,
वह सब इस काव्य सरस में है।

भूतल पर डाले स्वर्ण-जाल
है बीत रहा यह काम-काल।

जो प्रणय-लिप्त, आहत-धृति है,
यह उसी काम-युग की कृति है।

तब भी, सब महिमा खसी नहीं,
सब त्रिया-जाति उर्वशी नहीं।

वे भी हैं जिनके बड़े हृदय—
में मधु से मिला हुआ है पय;
जिनके प्राणों के महाव्योम—
में संग उदित हैं सूर्य-सोम।

पर, हाय, यही रोती रहतीं,
दायित्व सभी ढोती रहतीं।

माताएँ क्लेश उठाती हैं,
उर्वशियाँ मौज मनाती हैं।

अब समझा, क्या मन्तव्य रहा?
क्यों अपने को खुरदुरा कहा?

तब भी, सुकोमला परी भली,
जैसे-तैसे, बच ही निकली।

युग-धर्म देख मुँह मोड़ लिया,
बस, तनिक दबा कर छोड़ दिया।

आखिर, कवि ही हूँ, नहीं वधिक;
दो-चार नखक्षत से न अधिक।

पढ़ कर प्रेमी चकराएँगे,
सीधे यह समझ ना पाएँगे,
मैं पुरूरवा हूँ या कि च्यवन,
अथवा मेरा नवयुग का मन
सहचर है परी वदान्या का
या औशीनरी-सुकन्या का?

जो अधिक रसिक होंगे, वे तो
इससे भी खिन्न उठेंगे रो,
जो त्रिया अन्त में आती है,
वह क्यों सब पर छा जाती है?
क्यों नीति काम को मार गई,
अप्सरा सती से हार गई?

पर, मैं क्या करूँ? सती नारी
आती जब लिए प्रभा सारी,
करतब वह यही दिखाती है,
सब के ऊपर छा जाती है।

मैं महा दर्शनाचार्य नहीं,
कविता का भी आचार्य नहीं।

केवल जो समझा, सीखा है,
जो कुछ नयनों को दीखा है,

लिख दिया उसे निश्छल हो कर,
सच है, कुछ लाज-शरम खोकर।

कहने भर को प्राचीन कथा;
पर इस कविता की मर्म-व्यथा

आज के विलोल हृदय की है,
सबकी सब इसी समय की है।

जब भी अतीत में जाता हूँ,
मुरदों को नहीं जिलाता हूँ।

पीछे हटकर फेंकता बाण,
जिससे कंपित हो वर्तमान।

खँडहर हो, हो भग्नावशेष,
पर, कहीं बचा हो स्नेह शेष,
तो जा उसको ले आता हूँ,
निज युग का दिया जलाता हूँ।

अच्छा, अब इतना आज अलम्,
अब माँग रही आराम कलम।

दो बजे; बन्द अब काम करूँ,
जब तक निश है, विश्राम करूँ।
पहले ले किन्तु, बुझा 'हीटर'
तब सोए कविता का 'फीटर'।

जानें, निद्रा कब आएगी?
या आज रात कट जाएगी
यों ही टटोलते मन अपना,
देखते उर्वशी का सपना?

लेकिन, प्रणाम अब हे कविवर!
सोने को चला अनुज दिनकर।

(मृत्ति-तिलक, 1961)

आपद्धर्म

अरे उर्वशीकार!
कविता की गरदन पर धर कर पाँव खड़ा हो।
हमें चाहिए गर्म गीत, उन्माद प्रलय का,
अपनी ऊँचाई से तू कुछ और बड़ा हो।

कच्चा पानी ठीक नहीं,
ज्वर-ग्रसित देश है।
उबला हुआ समुष्ण सलिल है पथ्य,
वही परिशोधित जल दे।
जाड़े की है रात, गीत की गरमाहट दे,
तप्त अनल दे।

रोज़ पत्र आते हैं, जलते गान लिखूँ मैं,
जितना हूँ, उससे कुछ अधिक जवान दिखूँ मैं।

और, सत्य ही, मैं भी युग के ज्वरावेग से चूर,
दूर उर्वशी-लोक से,
गई जवानी की बुझती भट्ठी फिर सुलगाता हूँ।
जितनी ही फैलती देश में भीति युद्ध की,
मैं उतना ही कंठ फाड़, कुछ और जोर से,
चिल्लाता, चीखता, युद्ध के अन्ध गीत गाता हूँ।

किन्तु, हृदय से जब भी कोई आग उमड़ कर
चट्टानों की वज्र-मधुर रागिनी
कंठ-स्वर में भरने आती है,
ताप और आलोक, जहाँ दोनों बसते आए थे,
वहाँ दहकते अंगारे केवल धरने आती है;
तभी प्राण के किसी निभृत कोने से
कहता है कोई, माना, विस्फोट नहीं यह व्यर्थ है,
किन्तु, बुलाने को जिसको तू गरज रहा है,
उसे पास लाने में केवल गर्जन नहीं समर्थ है।

रोष, घोष, स्वर नहीं, मौन शूरता मनुज का धन है।
और शूरता नहीं मात्र अंगार,
शूरता नहीं मात्र रण में प्रकोप से धुँधुआती तलवार;
शूरता स्वस्थ जाति का चिर-अनिद्र, जाग्रत स्वभाव,
शूरत्व मृत्यु के वरने का निर्भीक भाव;
शूरत्व त्याग; शूरता बुद्धि की प्रखर आग;
शूरत्व मनुज का द्विधा-मुक्त चिन्तन है।

विजय-केतु गाड़ते वीर जिस गगनजयी चोटी पर,
पहले वह मन की उमंग के बीच चढ़ी जाती है,
विद्युत् बन छूटती समर में जो कृपाण लोहे की,
भट्ठी में पीछे, विचार में प्रथम गढ़ी जाती है।

आँख खोलकर देख, बड़ी से बड़ी सिद्धि का
कारण केवल एक अंश तलवार है;
तीन अंश उसका निमित्त संकल्प-शुद्धि है,
आशा है, साहस है, शुद्ध विचार है।

सोच, कहाँ है उस दुरन्त,
पापिनी बुद्धि का मूल, तुझे जो
बार-बार आकर अपनी छलना से छल जाती है?
बार-बार तू उदय-शृंग पर चढ़ क्यों गिर जाता है?
बार-बार कर में आकर क्यों सिद्धि निकल जाती है?
ओ विराग को सकल सुकृत का मर्म समझनेवाले!
आत्मघात को उच्च धर्म के हित अर्पित बलिदान,
शत्रु के रक्त-पान को
मानवता का पतन, कलुष का कर्म समझनेवाले!

ओ निरग्नि! ओ शान्त! प्रश्न तेरा गम्भीर, गहन है।
रोष, घोष, हुंकार, गर्जनों से उद्धार न होगा।
भुजा नहीं बलहीन,
रक्त की आभा नहीं मलीन,

अरे, ओ नर पवित्र! प्राचीन!
दीन, लेकिन, तेरा चिन्तन है।

विजय चाहता है, सचमुच,
तू अगर विषैले नाग पर,
तो कहता हूँ, सुन,
दिल में जो आग लगी है,
उसे बुद्धि में घोल,
उठाकर ले जा उसे दिमाग पर।

तुझ से जो माँगते उबलते गीत अनल के,
पूछ कि वे कूटस्थ आग लेकर क्या भला करेंगे?
क्या प्रमाण है, यह सूखी बारूद नहीं सीलेगी?
घर में बिखरी हुई बर्फ वे कहाँ समेट धरेंगे?

अच्छा है, वे लड़ें नहीं, जिनके जीवन में
विचिकित्सा जीवित है धर्म-अधर्म की।
अच्छा है, वे अड़ें आन पर नहीं,
न खेलें कभी जान पर,
चबा रही है जिन्हें युगों से
दुबिधा कर्म-अकर्म की।
क्योंकि युद्ध में जीत कभी भी उसे नहीं मिलती है,
प्रज्ञा जिसकी विकल,
द्विधा-कुंठित कृपाण की धार है,
परम धर्म पर टिकने की सामर्थ्य नहीं है
और न आपद्धर्म जिसे स्वीकार है।

तुझसे जो माँगते उबलते गीत अनल के,
पूछ, धर्म की वे किंचित् सीमा स्वीकार करेंगे?
मानवीय मूल्यों की जब कुछ आहुतियाँ पड़ती हों,
रोयेंगे तो नहीं? पाप से तो वे नहीं डरेंगे?

अगर कहे तू, युद्ध पुष्प, बमबाजी फुलझड़ियाँ हैं,
ये रोने की नहीं, मस्त, खुश होने की घड़ियाँ हैं;
दाँतों से तर्जनी दबा वे चुप तो नहीं रहेंगे?
तुझ को वे दानव या दीवाना तो नहीं कहेंगे?

तब भी श्येन-धर्म ही सच है, गलत युद्ध में पिक है,
पूर्ण चेतना गलत, आज पागलपन स्वाभाविक है।

जूझ वीरता से, प्रंचडता से, बलिष्ठ तन, मन से;
आँख मूँद कर जूझ अन्ध निर्दयता, पागलपन से।

समर पाप साकार, समर क्रीड़ा है पागलपन की,
सभी द्विधाएँ व्यर्थ समर में साध्य और साधन की।

एक वस्तु है ग्राह्य युद्ध में,
और सभी कुछ देय है;
पुण्य हो कि हो पाप,
जीत केवल दोनों का ध्येय है।
सच है, छल की विजय, अन्त तक,
विजय नहीं, अभिशाप है।
किन्तु, भूल मत, और पाप जितने घातक हों,
समर हारने से बढ़कर घातक न दूसरा पाप है।

(परशुराम की प्रतीक्षा, 1962)

पन्थ

तुम्हारे पढ़ डाले सब ग्रन्थ।
घूम कर देख लिये सब पन्थ।

(प्रण-भंग तथा अन्य कविताएँ, क्षणिकाएँ, 1963)

पुरानी और नई कविताएँ

"नो, हिज़ फर्स्ट वर्क वाज़ द बेस्ट।"

–एज़रा पौण्ड

दोस्त मेरी पुरानी ही कविताएँ पसन्द करते हैं;
दोस्त, और खास कर, औरतें।

पुरानी कविताओं में रस है, उमंग है;
जीवन की राह वहाँ सीधी, बे-कटीली है;
सरिताएँ जितनी हैं, फूलों की छाँह में हैं;
सागर में नीलिमा है, चंचल तरंग है।

पुरुष बड़े ही पुरजोर हैं;
या तो बड़े कोमल हैं अथवा कठोर हैं।
क्रोध में कभी जो नर-नाहर ये बोलते हैं;
भूमि काँपती है, कोल-कमठ कलमल होते,
दिग्गज दहाड़ते, समस्त शैल डोलते हैं।

नारियाँ बड़ी ही अनमोल हैं;
नख-सिख तक नपी-तुली,
ठीक-ठीक साँचे में ढली हुई;
चन्दन, कदम्ब और कदली की छाया में
दूध और घी पर पली हुई।
भंगिमा स्वरूप को सँवारती है;
वृत्त की गोलाई, जो भी देखे, उसे मारती है।

तेजी है अनोखी काम-बाण में।
घाव जो लगेंगे कभी प्राण में,
रेखा में कहूँ तो 'राय जामिनी' की तूलिका की
चित्रकारी के वे प्रतिमान होंगे
छन्द में कहूँ तो रोला-छप्पय के समान होंगे।

चर्म को न छीलता, न छाँटता है।
काम का पुराना बाण
गोदता नहीं है प्राण,
दोहों के समान नपे-तुले व्रण काटता है।

किन्तु, नई कविता? गणेशजी का नाम लो।
बुद्धि और कल्पना के चौक पै खड़ी हुई
कहती है, बुद्धि ही कशा है, इसे तेज रखो,
कल्पना बढ़े जो तो लगाम जरा थाम लो।

कविता न गर्जन, न सूक्ति है।
वीर का न घोष, न तो वाणी खर चिन्तकों की,
चौंके हुए आदमी की उक्ति है।

कविता न पूर्ति है, न माँग है।
सीढ़ियाँ नहीं हैं कि हरेक पाँव सीधा पड़े,
'लाजिक' नहीं हैं, य' छलाँग है।

अर्थ नहीं, काव्य शब्द-योग है।
वासना का कीर्तन नहीं है, खुद वासना है,
रागों का य' कागजी बखान नहीं, भोग है।

तन्तुओं के जाल शब्द को जो कहीं बाँधते हों,
सारे बन्धनों के तार तोड़ दो;
अर्थ से बचो कि अर्थ बेड़ी है परम्परा की,
अर्थ को दबाने से ही शब्द बड़ा होता है।
निश्चित-अनिश्चित का संगम जहाँ है सूक्ष्म,
कविता का सद्म निरालंब खड़ा होता है।

और वे तरंगमयी नारियाँ?
पुष्ट देहवाली सुकुमारियाँ?
सोची गईं इतनी कि सोच में समा गईं।

स्थूल से निकल सूक्ष्म कल्पना में छा गईं।
नारी अब स्वप्न है, विचार है।
बाहु-पाश में जो कभी दामिनी-सी नाचती थी,
'साइक' में करती विहार है।

नारी शक्ति, नारी धूप-छाँव है।
जानना हो विश्व को तो नारियों के प्राण पढ़ो,
भागना हो विश्व से तो नारी तेज नाव है।

और नर भी न नर ठेठ है।
शंकित, सजग, स्याद्वादी, अनेकान्तवादी,
कोई 'फास्ट', कोई 'हैमलेट' है।
आखिर मनुष्य और क्या करे?

जितना ही ज्यादा हम जानते हैं,
लगता है, आप अपने को उतना ही कम,
उतना ही कम पहचानते हैं।

जितनी ही झाँकी बुद्धि लाती दूर, पार की,
उतने ही जोर से गुफाएँ बन्द गूँजती हैं,
चीखती है कुंजी अनजाने, बन्द द्वार की।

केवल कवित्व ही समर्थ है।
सीढ़ियाँ नहीं हैं जहाँ, सारा तर्क व्यर्थ है।

तब भी समस्या बड़ी गूढ़ है।
हम दोनों में से, राम जानें, कौन मूढ़ है।

भूले भी न मेरी विपदाएँ थाहते हैं दोस्त,
केवल पुरानी कविताएँ चाहते हैं दोस्त,
दोस्त और, खास कर, औरतें।

(कोयला और कवित्व, प्र.सं.)

डल झील का कमल

ओ सुनील जल! ओ पर्वत की झील! तुम्हारे कर में
कमल पुष्प है या कोई यह रेशम का तकिया है,
जिस पर धर कर सीस रात अप्सरी यहाँ सोई थी
और भाग जो गई प्रात, पौ फटते ही, घबरा कर?

कह सकते हो, रंगपुष्प यह जल पर टिका हुआ है?
अथवा इसके नाल-तन्तु मिट्टी से लगे हुए हैं
वहाँ, जहाँ सब एक रूप है, कोई रंग नहीं है?

उत्तर नहीं? हाय, यों ही मैं भी न बता पाऊँगा,
जम कर मेरे पाँव खड़े हैं किसी ठोस मिट्टी पर
या लहरों में इसी फूल-सा मैं भी डोल रहा हूँ।

(कोयला और कवित्व, प्र.सं.)

गृहमुख

रक्त में कोई नई कल्लोलिनी घर कर गई है,
आजकल ये बहुत भाते हैं—
रात का एकान्त, ये सुनसान सड़कें,
फूल, फूलों की हवा, आकाश, बादल, चाँदनी
और सन्ध्या के समय मैदान के दूर्वादलों पर
देर तक लेटे हुए गिनना सितारों का।

भागने जब से लगा हूँ कीर्त्ति के कोलाहलों से,
हूक उठती है, अरे, मैं तो प्रवासी थाः
अब बहुत दिन बाद अपने देश वापस जा रहा हूँ।

वायु हलके पंख से सिर का पसीना पोंछती है।
राह की चिकनी, मुलायम धूल

गुदगुदा कर पाँव की विक्लान्ति हर लेती।
प्यास लगने पर पिला देते ढहे-टूटे कुएँ
कुछ याद बीती बात की अपने सलिल में घोल कर।
मैं बड़े हलके कदम धरता उछलता जा रहा हूँ
फूल-सा शीतल पवन के दोल पर।
जा रहा हूँ धूप से शीतल द्रुमों की छाँव में,
छोड़ कर पक्की सड़क मन के मटीले गाँव में,
दूर कोलाहल-भरे संसार से,
दूर भोंपू, रेडियो, अखबार से,
दूर उस मन में जहाँ एकान्त है,
जिन्दगी चलती, मगर, सब शान्त है।

(कोयला और कवित्व, प्र.सं.)

अन्तिम पुरुषार्थ

प्राण में जब क्लान्ति,
जीवन में थकन जब व्यापती है,
स्वप्न सारे टूट कर उड्डीन हो जाते
रूख के पत्ते यथा पतझाड़ में।

स्वप्न मेरे भी चतुर्दिक् टूटकर उड़ने लगे हैं;
और मैं दुबली भुजाओं पर उठाए
व्योम का विस्तार एकाकी खड़ा हूँ।
इस भरोसे में नहीं, कोई बड़ा पुरुषार्थ है यह,
किन्तु, केवल, इसलिए, अब और चारा ही नहीं है।

(कोयला और कवित्व, प्र.सं.)

कवि-1

चमत्कार!
आचार्य समालोचक कृतज्ञ हैं।
करना पड़ा न काम,
तुम्हारा लेना पड़ा न नाम,
उठाना पड़ा नहीं, तुम स्वयं
काल के मस्तक पर छा गए।
सूर्य के निकट, चाँद के पास
आप अपने बल से आ गए।
सीढ़ियाँ उनके लिए अमोघ
छतों तक जिनको जाना है।
बादलों पर ही जिनकी दृष्टि,
उन्हें पथ आप बनाना है।

(कोयला और कवित्व, प्र.सं.)

कवि-2

इतना भी है बहुत, जियो केवल कवि हो कर।
कवि हो कर जीना यानी सब भार भुवन का
लिए पीठ पर मन्द-मन्द बहना धारा में।
और साँझ के समय बादलों में मँडरा कर
श्रान्त-क्लान्त वसुधा पर जीवन-कण बरसाना।

हँसते हो हम पर? परन्तु, हम नहीं चिढ़ेंगे।
हम तो तुम्हें जिलाने को मरने आए हैं।
मिले जहाँ भी जहर, हमारी ओर बढ़ा दो।

(कोयला और कवित्व, प्र.सं.)

समुद्र

चूर्ण-चूर्ण हो रही हँसी नीले, अपार अधरों की;
झाग फूट कर राशि-राशि फूलों में बिखर रहा है।
ओ विराट! विभ्राट! दर्पनिर्घोष काल-भैरव के!
इस कठोर, दुर्दान्त रोर का कारण बता सकोगे?

सुनता हूँ, उर्वशी तुम्हारी बहुत-बहुत सुन्दर थी;
पर ले गए उसे हर वे, जो अम्बर में बसते हैं;
तुम नाहक निर्दोष, दीन धरणी को पीट रहे हो।

ओ प्रमत्त! उन्मत्त! दूत दुर्मद कल्पान्त-प्रलय के!
एक बार जो अट्‌टहास प्रलयंकर शिवशंकर का
जमकर हुआ तुषार, चमकने लगा हिमालय बनकर,
वही दूसरी बार, लीलया पिघल तुम्हारे जल में
निखिल भूमि को घेर भीम गर्जन में गरज रहा है।

ओ अशेष! निर्बन्ध! कल्पना मेरी भी ऐसे ही
कभी गर्जनामयी समुद्वेलित, असीम, उच्छल थी।
लेकिन, अब मन के उबाल में तुम-सा ताव नहीं है।
तरुण बना रहता है बड़वानल सदैव सागर का,
पर, मनुष्य की आग, काल पाकर, कुछ बुझ जाती है।

ओ पल-पल चंचल, विराट सौन्दर्य! तुम्हारे गृह में
मन्द-ज्योति नर के निमित्त भी क्या कोई कोना है?
लोगे मुझे समेट व्यग्र अपनी विशाल बाँहों में?
फेनों के ये श्वेत फूल मुझ पर भी छितराओगे?

शीर्ण, झुर्रियाँ-भरी उँगलियों से मस्तक सहला कर
मुझे सुला लो उढ़ा शाल चमकीले अँधियाले की
लिए चलो अथवा नीली लहरों के साथ बहा कर।

मैं जी भर संगीत सुनूँगा विकल तुम्हारे मन का
और उसी गर्जन को सुनते-सुनते सो जाऊँगा।

(कोयला और कवित्व, प्र.सं.)

पृथ्वी का प्राण

घूम रहा मधुवन में जो निष्काम,
तुम्हारा प्राण है।
नक्षत्रों को जो कर रहा प्रणाम,
तुम्हारा प्राण है।

(1)

भाप और बिजली का हाहाकार,
कोकिला भीत है;
कोलाहल से भरा हुआ संसार,
मौन संगीत है।
तब भी, जिस साधक की शान्ति अभंग,
साधना चल रही,
तूफानों से अलग शुभ्र, निस्पन्द
वर्तिका जल रही।
इन्द्रपुरी में भी रह अडिग, अचूक,
टेक-ईमान का,
कीर्त्ति-मुखर युग में भी निश्छल, मूक
अशब्दित गान का
चुका रहा जो अनघ आज भी दाम,
तुम्हारा प्राण है।

(2)

कौन शक्ति वह मुझको रही निहार
जलद के द्वार से?
यह किसकी आ रही अभंग पुकार

गगन के पार से?
अब भी सबसे, सुनो, अमृत-संतान!
श्रेष्ठ अमरत्व है।
जहाँ नहीं है पहुँच सका विज्ञान,
वहाँ भी तत्त्व है।
सुने कौन यह पतली-सी आवाज,
बड़ा ही शोर है,
चिमनी का हो गया चतुर्दिक् राज,
धुओं का जोर है।
पर, अदृश्य का यह क्षीण स्वर क्षाम
तुम्हारा प्राण है।

(3)

कहाँ पहुँच हो गई चेतना मौन?
त्वचाएँ काँपतीं।
फूल-फूल के भीतर से यह कौन,
उझक कर झाँकतीं?
रोम-रोम में वीणा की झंकार,
लहू में छन्द है।
मुक्त हो गया किस मधुवन का द्वार?
बड़ा आनन्द है।
ले जाओ, यह भावुक हृदय नवीन,
धरा है हाथ में;
हाय, विकल यौवन जो निद्राहीन
जाग कर रात में–
तकिए पर लिख रहा प्रिया का नाम,
तुम्हारा प्राण है।

(4)

बड़ी चटुल है, बड़ी प्रखर है धार,
दिशागज मौन हैं।
बहने से जो आज करे इनकार,

साहसी कौन है?
कहीं नहीं धरती पर कोई वीर,
धार को मोड़ दे;
अपनी छाती लगा वक्ष-प्राचीर
सलिल का तोड़ दे।
तब भी, जो विद्रोह-वीर बलवान
दीप्त अभिमान-सा,
धारा में है खड़ा रोप कर पाँव
अडिग चट्टान-सा;
मही, कुक्षि-भूषण सुत यह उद्दाम,
तुम्हारा प्राण है।

(कोयला और कवित्व, प्र.सं.)

अपनी कविताओं के बीच

कंचन नहीं, काँच के टुकड़े; तो तुम बहुत भले हो।
पर, यह क्या खिलवाड़, दृष्टि जिस पर भी ले जाता हूँ,
हँसने लगता वही कौतुकी दर्पण मुझे दिखा कर?

नादानो! क्या तुम में इतनी भी पहचान नहीं है,
जिस घर में आइने टँगे हों सारी दीवारों पर,
कवि ठहरे यदि वहाँ, एक दिन पागल हो जाएगा?

पर, कवि ही क्यों? हँसी-खुशी में जो भी झूम रहा है,
निश्चय ही, अपने अतीत पर पर्दे गिरा चुका है।
तो फिर मैं ही रहूँ पड़ा क्यों नीचे उस पीपल के
जिसकी डालों से मेरे सपनों के घंट बँधे हैं?

मैं क्या करूँ, अगर वन्ध्या हो गई धूल खँडहर की,
आँसू पी कर भी एक अंकुर उपजा पाती है?
मैं क्या करूँ, अगर नदियों के तट पर अँधियाली है,

किसी वीर की चिता-भूमि में दीप नहीं जलता है;
और मरे जो, वे दिन-दिन कुछ और मरे जाते हैं?

(कोयला और कवित्व, प्र.सं.)

दिनचर्या

प्रातःकाल

कहो अन्धविश्वास याकि आदत ही कह लो,
जैसे ही टूटती सुबह में नींद, नयन खुलते हैं,
हरि का लेता नाम, देखता हूँ अपने हाथों को,
तब शरीर को तान तनिक फुर्ती तन में भरता हूँ।
नहीं देखता, कौन कहाँ सोया है, कौन जगा है;
सबसे पहले दर्पण में निज को देखा करता हूँ।
इस विचार से नहीं कि मेरा मुख सब से सुन्दर है।
(अब सौन्दर्य कहाँ? आँखों के पास मेघ छाए हैं;
गालों पर गंगा-यमुना के स्रोत निकल आए हैं।)
किन्तु, देखने को, जितना कुछ कल मैंने खोया था,
सूर्य-संग कर होड़ रात जितना जल कर सोया था,
वह प्रदाह मिट गया कि उसका दाग अभी बाकी है?
निद्रा ने कुछ दिया कि कल की वही बुझी झाँकी है?

तब तक घर में कई-कई अखबार पहुँच जाते हैं,
भोर-भोर ये चुगलखोर कितनी चुगली खाते हैं।
जिसने काटी किसे चिकोटी या भोंका भाला है
फटे हुए पाजामे को कुछ और फाड़ डाला है।
किसने किसको सुई चुभोई, कौन, कहाँ रोता है;
कौन छीन किसके कन्धे से भार स्वयं ढोता है।
कहाँ जगा है देश, कहाँ जगने की तैयारी है,
यानी होगी कहाँ, कहाँ हड़ताल आज जारी है।
जीता कौन दबंग, शील में फँसा कौन हारा है,
बीच सड़क पर किसने किसको उलटा दे मारा है।

फिर जपता कुछ नाम, देवता को धोखा देता हूँ,
बच्चा हूँ, माँ से चाहे जो चीज माँग लेता हूँ।
धरता हूँ जब ध्यान, सामने माता आ जाती है,
कहती तो कुछ नहीं, समझ सब कुछ हँसती जाती है।
फटी शान्ति को, इस प्रकार, जैसे-तैसे सीता हूँ
मधुमेही हूँ, चना चबा कर चाय जरा पीता हूँ।

मुलाकाती

तब तक, जानें, कहाँ-कहाँ के लोग पहुँच जाते हैं,
'होम टास्क' मेरे निमित्त कुछ नया रोज लाते हैं।
मन्त्री के हो मित्र, यार, बस इसे बहाल करा दो,
बड़ा पुण्य होगा भाई, यह गोटी लाल करा दो।
और हाय, यह बेकसूर तो नाहक आन फँसा है,
दफ्तर में साजिश है जो, उसने ही इसे डँसा है।
तुम्हें ज्ञात ही है, अफसर किस कदर दुष्ट होते हैं,
हिन्दी के हामी पर तो बेवजह रुष्ट होते हैं।

सुनता हूँ सब, कभी शान्ति से, कभी चीख पड़ता हूँ,
नरम किसी को और किसी को गरम दीख पड़ता हूँ।
पर, जैसे भी सुनूँ, किसी का काम नहीं होता है,
सत्ता का पर्याय खोखला नाम नहीं होता है।

डाक

तब तक आती डाक, भीड़ से अलग छूट पड़ता हूँ,
बंडल पर भूखे मनुष्य के सदृश टूट पड़ता हूँ।
किन्तु, रोज ही सब्जी कम, कंपोस्ट अधिक होते हैं,
बन्द लिफाफे विरल, खुले बुक-पोस्ट अधिक होते हैं।
और खोलिए उन्हें अगर तो वही एक क्रन्दन है,
"बन्धु! यहाँ ऊँचे कवियों का भारी सम्मेलन है।
निश्चय ही, इस बार आप, आशा है, दर्शन देंगे,
यह भी बतलाइए, फीस, कम-से-कम, कितनी लेंगे?"
ज्यादातर चुप ही रहता हूँ, पर, जब जी डरता है,

हाँ-हूँ या ना-नू करके कुछ लिखना ही पड़ता है।
यानी अब थक गया, मंच पर ठीक नहीं छजता हूँ,
'आर्केस्ट्रा' तो छोड़ चुका, हाँ 'सोलो' कुछ बजता हूँ।
सो बज दूँगा, मौका गर मिल गया उधर आने का,
आप-सरीखे काव्य-प्रेमियों का दर्शन पाने का।
(काव्य-प्रेम के ये मतवाले बड़े दिव्य होते हैं।
ले जाने के समय आपके पाँव तलक धोते हैं।
किन्तु, लौटते समय आप इनको अद्‌भुत पाएँगे,
'आटोग्राफ' भले माँगें, पर, कार नहीं लाएँगे)।

साहित्य-संलाप

अब सुनिए, सन्ध्या को जब साहित्यकार आते हैं,
एक साथ कितनी बातें कविता की कह जाते हैं।
मात्र काव्य ही नहीं, भविष्यत् जग का बड़ा विषय है।
कहते हैं, ग्रह सभी वाम हैं, अच्छा नहीं समय है।
फिर कहते, हम सोच रहे जो, कभी सत्य सब होगा।
भूले भी मैं नहीं पूछता, आखिर, यह कब होगा।
एक भाव है और, मुझे जो बहुतों में दीखा है,
छिपा रखूँ क्यों भेद, इधर जो वर्षों में सीखा है?
वह कवि हरगिज नहीं, और को भी जो कवि कहता हो,
सूर्य नहीं वह, अपर सूर्य को भी जो रवि कहता हो।

संसद में

वृथा फँसे हम सब, बनारसीदास सदा कहते हैं।
जंगल छोड़ कभी योगी क्या शहरों में रहते हैं?
मगर, आन ही फँसे अगर तो समय नहीं खोओ रे!
जैसे मैं सोया रहता, तुम भी सुख से सोओ रे!
जगे अगर, तो सच कहता हूँ, पीछे पछताओगे,
पकड़ गए तो, अजब नहीं, मन्त्री ही बन जाओगे।
छूट जायगा काव्य, बना कर मर्कट नचवाएँगे,
आगे करके नमन, पीठ पीछे मुँह बिचकाएँगे।

चौबे जी पर भक्ति हमारी विरल नहीं, महती है;
लेकिन, उनकी सीख हमेशा याद नहीं रहती है।
सच है, नींद बहुत अच्छी, जगना ही काम बुरा है,
खलल यही, पंडित जी कहते हैं, आराम बुरा है।
सो लेता हूँ तनिक देर, जब नींद कभी लगती है,
पर, जैसे ही राजनीति की खाज सुखद जगती है,
घर से भाग तुरन्त पार्लियामेंट पहुँच जाता हूँ,
किन्तु, सभा में कभी देर तक बैठ नहीं पाता हूँ।
इधर-उधर झूमता, घूमता मस्ती या पस्ती में,
आखिर जाता पहुँच उसी कोलाहल की बस्ती में—
जिसकी मौजें बेमिसाल, चुहलों की शान गजब है।
सचमुच, 'सेंट्रल हॉल' देश का बड़ा सियासी क्लब है।
बीत रहा क्या बंगलोर में, पटने या झूँसी में,
ये खबरें फैलतीं यहाँ चुप-चुप कानाफूसी में।
छिपकर चलता सत्य (उसी को हाय, सभी से भय है)।
लेकिन, वह प्रत्यक्ष, मंच का जो केवल अभिनय है।

कभी-कभी, पर, दर्द हृदय का दूना हो जाता है,
कर 'नवीन' की याद, 'हाल' यह सूना हो जाता है।
तब भी, माँ की कृपा, मित्र अब भी अनेक छाए हैं,
बड़ी बात तो यह कि 'लोहिया' संसद में आए हैं।
मुझे पूछते हैं, "दिनकर, कविता में जो लिखते हो,
वह है सही याकि वह जो तुम संसद में दिखते हो?"

मैं कहता हूँ, "मित्र! सत्य का मैं भी अन्वेषी हूँ।
सोशलिस्ट ही हूँ, लेकिन, कुछ अधिक जरा देशी हूँ।
बिलकुल गलत 'कमून', सही स्वाधीन व्यक्ति का घर है,
उपयोगी विज्ञान, मगर, मालिक सबका ईश्वर है।
अच्छे लगते मार्क्स, प्रेम है अधिक, किन्तु, गांधी से,
प्रिय है शीतल पवन, प्रेरणा लेता हूँ आँधी से।
नहीं चाहता युद्ध, लड़ाई, लेकिन, अगर ठनेगी,
किसी तरह भी शान्तिवाद से मेरी नहीं बनेगी।

जब तक युद्ध शेष, तब तक है बड़ा महत्त्व छुरी का,
झूठ नहीं यह बात, नहीं कायल मैं किसी धुरी का।

'शाश्वत कहते जिसे, लाख उस सुख का ध्यान धरूँ मैं,
महाकाल का मन से जितना भी सम्मान करूँ मैं,
वर्तमान के लिए होम, लेकिन, सब कुछ देता हूँ,
और बदलती घड़ियों से आदेश सदा लेता हूँ।
एक नहीं, दोनों ध्रुव मेरे भीतर धँसे हुए हैं,
सभी सत्य अपने-अपने शिखरों पर बसे हुए हैं।
इसीलिए, चलदल-समान रह-रह डोला करता हूँ,
जब होता हूँ जहाँ, उसी ध्रुव से बोला करता हूँ।
अलम् नहीं, बस, आँख मूँद अपने मत का मंडन ही,
कभी-कभी चाहिए सत्य के लिए आत्म-खंडन भी।

'इसीलिए, मैंने स्वतन्त्रता-सार बचा रक्खा है,
अपनी बात काटने का अधिकार बचा रक्खा है।
खादी के नीचे महीन गैरिक वर्दी रखता हूँ,
जो खिलाफ लड़ते, उन पर भी हमदर्दी रखता हूँ।

न तो भूत का मित्र, न भावी का ही मैं स्रष्टा हूँ।
दोनों में चल रहा द्वन्द्व जो, मैं उसका द्रष्टा हूँ।
जिए देश का वह अतीत, जो आगे जी सकता है,
पिए हिन्द नूतन प्रकाश, जितना भर पी सकता है।
गत के साथ अनागत का संघर्ष मुक्त चलने दो,
सूख चुकी जो स्वयं, शीर्ण उस शाखा को जलने दो।
पर, तुम रहो तटस्थ, शस्त्र मत दो भविष्य या गत को,
भारत स्वयं बचा लेगा अपने स्वरूप शाश्वत को।
जितना ही यह देश अंधड़ों के झोंके खाता है,
पुनः आप अपने समान उतना ही हो जाता है।

''हम उधार के आदर्शों पर बहुत फूल जाते हैं,
कभी-कभी अपना सारा इतिहास भूल जाते हैं।

मँगनी के तूफान और अंधड़ में जितना बल है,
उससे कहीं अधिक भारत का अपना प्रभाव प्रबल है।
जो भी आवें वाद, प्रथम तो उन्हें अंक भर लेंगे,
पर, सबको हम कभी खरल में घोंट एक कर देंगे।
इसी देश में कभी जगत् का द्वन्द्व शमन पाएगा,
नया रूप धर कर समक्ष फिर वही धर्म आएगा—
भूल चुके पंडित, पर, भूली जिसे नहीं जनता है,
ध्येय विपुल धन नहीं, ध्येय तो समुचित निर्धनता है।

"अभी विषम है देश पीट कर समतल इसे करेंगे,
जहाँ-जहाँ हैं खड्ड, तोड़ शिखरों को उन्हें भरेंगे।
भोगेंगे सुख, पर, भोगासुर के न ग्रास हम होंगे,
यन्त्र चलाएँगे, पर यन्त्रों के न दास हम होंगे।
अति-लोभी जो भृत्य, वही होता गुलाम स्वामी का,
यही हाल है लोभ-ग्रसत मानव विलास-कामी का।
जब तक नित्य नवीन सुखों की प्यासी बनी रहेगी,
मानवता तब तक मशीन की दासी बनी रहेगी।

"जो सुख हैं अनिवार्य, प्राप्त हम रातों-रात करेंगे,
जहाँ-जहाँ अवरोध, वहाँ खुलकर आघात करेंगे।
निर्धन का धन बढ़े, घटें धनवान, बात समुचित है।
पर, भोगों की तृषा जगाना बहुत-बहुत अनुचित है।
बेलगाम यदि रहा भोग, निश्चय, संहार मचेगा,
मात्र गरीबी-छाप सभ्यता से संसार बचेगा।"

रात के समय

जब आती है रात, खोजता हूँ खोए सपने को,
अँधियाले में हाथ बढ़ा ढूँढ़ता आप अपने को,
ग्रन्थों के अक्षरों, विचारों में, निगूढ़ ध्यानों में,
लिखी हुई कविताओं में, अनलिखे, गुप्त गानों में,
उन कुंजों में जहाँ मदिरनयनाएँ कभी मिली थीं;
उन वृन्तों पर जहाँ मुग्ध कलिकाएँ कभी खिली थीं;

उस गवाक्ष पर खुला जहाँ से व्योम दीख पड़ता है;
भीतर के उस अन्ध-कूप में जहाँ तिरोहित मन है,
उतराता उठ जहाँ अतल से स्वप्न मूक, निःस्वन है।

शब्दों के भीतर अशब्द इन स्वप्नों को लाने को,
स्वर में किसी भाँति भर कर निःस्वरता को गाने को,
छन्दों का ले जाल घात में सदा लगा रहता हूँ,
रात-रात भर ध्यान-मग्न निःशब्द जगा रहता हूँ।
ये सपने, ये दृश्य प्राण में उड़े-उड़े फिरते हैं;
कभी-कभी लगता, आँखों के बुत पास तिरते हैं।
किन्तु, हाय, इस अतल कूप की मिलती थाह नहीं है;
हम हैं जहाँ, वहाँ जाने की, शायद, राह नहीं है।
बहुत देर तक मुझे रोज माया यह भरमाती है,
प्रभु की कृपा, थके कवि को भी निद्रा आ जाती है।

(कोयला और कवित्व, प्र.सं.)

कला और कर्त्तव्य

सरल हृदय की सीधी-सादी बात,
दर्द से भले तनिक गीली हो आई थी।
देखी थी तुमने क्या वह बरसात
घटा पलकों में जब नीली हो छाई थी?

और आग की वे लपटें विकराल,
मुड़ो जिस ओर, उधर ही दिशा दहकती थी!
सोने देती कभी नहीं भूचाल,
हवा में जहाँ-तहाँ बारूद महकती थी।

तब, जानें क्या हुआ, जहाँ थी आग,
वहाँ नन्ही-नन्ही कुछ दूब निकल आई।
सरसी में भर गया अलक्तक राग,
तीर पर खड़ी नहाकर परियाँ मुसकाईं।

दिखलाई आरसी जभी, जिस ओर,
उधर ही धार बाँध कोमल प्रकाश छूटा।
जगा शैल की छाती में कल रोर,
गीत बनकर भीतर का दबा दर्द फूटा।

मिली रूपसी की आँखों से आन
अमृत की उज्ज्वलता में मदिरा की लाली।
खींच लिया उर्वशी-लोक ने ध्यान,
खड़ी हो गई घेर कर मुझको हरियाली।

किन्तु, आज दर्पण का है यह हाल,
सूर्य से फिर जलने की सीख माँगता हूँ।
गाँस मार कर जगा गया है काल,
देश के लिए आग की भीख माँगता हूँ।

सूख गई है दूब,
झुलस कर मुरझा गया कमल है।
अप्सरियो! मत छुओ,
झील का सलिल नहीं शीतल है।
तुम से मुझे वियुक्त
काल का कोप किए जाता है;
कला नहीं, कर्त्तव्य
छाँह से दूर लिए जाता है।

(कोयला और कवित्व, प्र.सं.)

काल

दूर दूर तक निस्सीमता विशाल,
बाहुओं का छोटा घेरा है।
फँसनेवाला नहीं सनातन काल,
जाल संकीर्ण बहुत तेरा है।

अब ठंडी हो चली आयु की आग,
जवानी का सूरज ढलता है।
बाकी है जो अनल-तत्व का राग,
बहुत धीरे-धीरे जलता है।

गए खेलने-खाने के दिन बीत,
यहाँ से दूर बहुत बचपन है।
शरमाने अब लगे रसीले गीत,
पूर्ण हो रहा वर्ष पचपन है।

चले गए जो युग लेकर उत्कर्ष,
पूछने कुशल नहीं आएँगे;
और सामने बाकी हैं जो वर्ष,
छोड़कर तुझे निकल जाएँगे।

शतदल के भीतर भर ले प्रति प्रात,
सूर्य का जो भी कण मिलता हो;
हृदय खोल, जी भरकर उससे बात,
सामने जो भी क्षण मिलता हो।

जैसे रवि के रश्मिदूत बिखरी किरणों के कण हैं,
कालपुरुष के उसी भाँति ये क्षण विश्वस्त श्रवण हैं।

(कोयला और कवित्व, प्र.सं.)

चुनौती

मुट्ठी में भर कर भविष्य की राख
किसे तू भय दिखलाती है?
जो जनमा, हो गया नियति का दास,
पाठ किसको सिखलाती है?

ऐसा ही था, तो क्यों वज्र-कठोर
पुरुष बनकर मैं आया था?
अगम लोक से झंझा और झकोर
अकारण ही क्या लाया था?

अभी पलायन करने की क्या बात?
नया संसार बसाता हूँ।
देख, बंजरों में लाकर बरसात
नए वन-बाग लगाता हूँ।

अभी कल्पना थकी नहीं;
कुछ ऊँचा और चढ़ेगी।
जैसा हूँ, वैसी अनेक
प्रतिमाएँ नई गढ़ेगी।

जैसे मैं हँसता हूँ, ये प्रतिमाएँ खूब हँसेंगी
भाग्य जिसे कहते हैं, उसके बल पर,
जली हुई वाटिका, नियति के छल पर।
और विपद को धुनी बना जैसे मैंने तापा है,
उसी तरह पंचाग्नि-बीच मेरी मूर्तियाँ बसेंगी।

(कोयला और कवित्व, प्र.सं.)

तसवीर

देख चुके तसवीर?
रंग का छल या सुन्दरता है?
रेखाओं के गीत,
शब्द नीले-पीले पानी के,
रंगों से कुछ रुँधे-रुँधे संगीत

सुनाई देते हैं कानों को?
कहीं रक्त के पास
स्वप्न सुगबुग-सुगबुग करता है?

भावों की गुदगुदी मूक, लाचार,
मौन जैसे अभिलाषा हो।
खुलकर कैसे कहें स्वप्न की बात?
रंग को जीभ नहीं मिलती।
असमंजस में पड़ी हुई तूलिका
द्वन्द्व में जैसे भाषा हो।
तब भी, जो कुछ कहा,
वही था भेद हृदय का;
खींच सका जितना,
उतना ही चित्र है।

सत्य! तुम्हारे मन में भी कोई संशय है?
तुम भी हो सोचते, तूलिका मेरी नहीं पवित्र है?

(कोयला और कवित्व, प्र.सं.)

कांस्य-प्रतिमा

गिर जाए यदि महल,
ढूह में दब जाए यदि नाम,
बीम-बरगों, ईंटों को हटा
व्यर्थ उद्धार न करना।
कांस्य-मूर्त्ति की प्रथा बहुत निर्दोष नहीं है।

प्रतिमाओं के कन्धों पर कौए करते हैं बीट।
और जो जीवन में जलते थे,
शायद उनके प्रेत, मरे पर भी, न चैन पाते हैं।

चौराहे पर खड़ी मूर्त्ति को देख
दग्ध ये रोते-पछताते हैं।

"हाय, किराये के हुँड़ार कितने थे मेरे!
लिखवाए इसके विरुद्ध क्यों नहीं और भी ग्रन्थ?
तब भी, मैंने कम तो नहीं किया था!
लेने इसको दम तो नहीं दिया था!
फिर भी, पा ही गया दुष्ट,
अचरज तो देखो,
मर कर भी चौराहे पर जीवित रहने का पन्थ।
चेलों को अमरूद खिलाना व्यर्थ हुआ।
काफी औ वरमूद पिलाना व्यर्थ हुआ।"

खाँसे जो कोई
तो क्या तूफान कभी रुकता है?
तब भी, लोग अकारण ही
खाँसते, छींकते, आँख दिखाते हैं।
और अगर अपशकुन नहीं माना तुमने तो,
अन्धकार में वे अपने कुत्ते हुलकाते हैं।

बड़ी विपद की बात,
जिएँ तो खैर नहीं है।
और अगर मर कर
प्रतिमा बन खड़े हुए तो,
जल उठता है मरे मित्र का प्रेत,
भूलता वैर नहीं है।

मर कर भी जीवित रहने का
लोभ न करना चाहिए।
मरे अगर कवि तो
उसको पूरा ही मरना चाहिए।

मृत्यु अशब्दित, निस्तरंग, नीरव जीवन है।
गहन शान्ति, निश्चिन्त नींद,
विस्मृति उसकी आभा है।
भूल गए हम जिन्हें,
सत्य ही, बड़े भाग्यशाली थे।

(कोयला और कवित्व, प्र.सं.)

समाधान

दिनकर केवल प्रश्न उठाता है।

समाधान की बात न कोई पास,
मूढ़ समस्याओं का केवल दास।
न तो समझता शास्त्र, न तो कानून;
सिर पर चन्दन नहीं, न तो दाढ़ी चेहरे पर,
न तो गले में 'टाइ', न तो नीचे कोई पतलून।
वृथा चौंकते हो,
इसको क्या आता-जाता है?
दिनकर केवल प्रश्न उठाता है।

उत्तर के गाहको! निराशा से घबरा कर
मरो नहीं, चिन्तनशील यह देश
नाप में बहुत बड़ा है।
देखो जहाँ, वहीं—
दफ्तर, कालेज-कक्ष में,
सभा-मंच पर या विद्या के चबूतरे पर—
समाधान देनेवाला निश्चिन्त खड़ा है।

क्या कहते हो,
प्रश्न गूढ़ हों तो चिन्ता में,
यह मनुष्य भी चार मिनट तक मौन रहेगा?
राम कहो,

ऐसा-वैसा यह नहीं,
बड़ा पक्का पंडित है।
इसमें जा कर शमित हो गया
सारा बुद्धि-विवाद है;
बड़े-बड़े ग्रन्थों में जो कुछ है लिखा,
बड़े-बड़े पंडित को सभी जबानी याद है।

एक मिनट भी नहीं वीर यह मौन रहेगा।
जैसे ही पूछोगे, वह बेधड़क कहेगा–
''हिंसा? हिंसा कौन बड़ा भारी सवाल है?
विनय मित्र, मानवता का अभिमान काल है।
हम में जो है क्रोध,
वही सारे जग का अभिशाप है।
गांधी जी कह गए
कि मरना पुण्य, मारना पाप है।
''और काम का समाधान?
अत्यन्त सरल है।
पूजा भर है अमृत,
स्पर्श-भावना गरल है।
ब्याह करो, लेकिन रक्खो,
साबित तब भी ईमान को।
गांधी जी कह गए,
जन्म लेने दो मत सन्तान को।''

(कोयला और कवित्व, प्र.सं.)

वायु

चाहता हूँ, मानवों के हेतु अर्पित
आयु यह हो जाय।
आयु यानी वायु, जो छू कर सभी को
शून्य विस्मृति-कोष में खो जाय।

(कोयला और कवित्व, प्र.सं.)

नाव

प्रत्येक नया दिन नई नाव ले आता है,
लेकिन, समुद्र है वही, सिन्धु का तीर वही।
प्रत्येक नया दिन नया घाव दे जाता है,
लेकिन, पीड़ा है वही, नयन का नीर वही।

(कोयला और कवित्व, प्र.सं.)

सिंह

पंजों में है धार,
बाहुओं में तूफान भरा है,
घबराएँगे भीरु,
दृष्ट निश्चय अपमान करेंगे।
भर जाएँगे वे परन्तु,
आनन्द और विस्मय से,
धीर पुरुष जो दयापूर्ण
नयनों का ध्यान करेंगे।

तुम पर्वत, जिसकी छाती में
झरने खेल रहे हैं,
तुम पावक, तुम मरुत,
सिंह! तुम भासमान् सविता हो।
यह संतुलित विराट तेज!
यह विभा प्रसन्न प्रलय की!
मैंने जिसको लिखा,
सिंह! तुम वह कठोर कविता हो।

(कोयला और कवित्व, प्र.सं.)

पराजय

विपत्तियाँ मुझे घेर कर
कोने में ले गयी हैं।
तब भी मेरा हृदय दहाड़ता
और चिल्लाता है।
यह वीरता नहीं, पराजय की भीति है।
आदमी जब सघन अंधकार
में होता है।
वह बड़े ज़ोर से गाता है।

(प्रण-भंग तथा अन्य कविताएँ, क्षणिकाएँ, 1969)

आधा मर्द

विजय से फूला तो नहीं,
मगर पराजय में ज़रूर रोया हूँ।
मालिक, मैं तुम्हारा आधा दास हूँ।
आधी ज़िन्दगी जगा हूँ
और आधी सोया हूँ।

(प्रण-भंग तथा अन्य कविताएँ, क्षणिकाएँ, 1969)

प्रायश्चित

पाप का प्रायश्चित चल रहा है।
हृदय अपनी ही ज्वाला में जल रहा है।
विपत्ति आयी नहीं,
बुलायी गयी है।
तूने जो बीज बोया था,
फल रहा है।

(प्रण-भंग तथा अन्य कविताएँ, क्षणिकाएँ, 1969)

चिट्ठियाँ

चिट्ठियाँ तो बहुत सारी आयी थीं।
मगर, खबरें जुगायीं नहीं।

क्या पता था कि दुनिया
एक दिन यह हाल भी पूछेगी,
जिनका कोई जवाब नहीं,
ऐसे सवाल भी पूछेगी?

सवाल उनका, जो सब कुछ
लूट कर चले गये।
यानी यह बात कि यार,
तुम कैसे छले गये?

चाँद के बुलावे पर आकाश में घूमने की बात!
सितारों की महफिल में बैठ कर झूमने की बात!

बात वह जिसके किनारे तेज धार होती है।
जरा-सा चूके नहीं
कि कलेजे के आर-पार होती है।

अपनी चिता आप बना कर
उस पर सोने की बात,
जिस दर्द को कोई न समझे,
उससे कराहने और रोने की बात।

तारों से जो धूल झरती है,
उसे, दोने में सजाता हूँ।
इतिहास में लीक नहीं,
छाँह छोड़े जाता हूँ।

(हारे को हरिनाम, प्र.सं.)

निस्तैल पात्र

एक वक्त ऐसा आता है,
जब सब कुछ झूठ हो जाता है,
सब असत्य,
सब पुलपुला,
सब कुछ सुनसान।

मानो, जो कुछ देखा था, इन्द्रजाल था।
मानो, जो कुछ सुना था, सपने की कहानी थी।

जिन्दगी को जितना ही गहरा खोदता हूँ,
उतनी ही दुर्गन्ध आती है।
मानो, मैं कोई और हूँ
और यह जिन्दगी किसी और ने जी हो।

मगर, अब तो खुशबू बसाने का समय नहीं है।
सूरज पश्चिम की ओर ढल रहा है।
गरचे चिता अभी जली नहीं है,
मगर जिन्दगी से धुआँ निकल रहा है।

करम खुदा का!
बन्दे, तुझे क्या ग़म है?
तेल की हाँड़ी निस्तैल हो कर फूटे,
यह क्या कम है?

(हारे को हरिनाम, प्र.सं.)

रहस्य और विज्ञान

इतना जिया कि जीते-जीते
सारी बात भूल गया।

शब्दों के कुछ निश्चित अर्थ
मैंने भी सीखे थे।
और उन अर्थों पर मुझे भी नाज था।
और नहीं, तो उतने ज़ोर से
बोलने का क्या राज़ था?

स्त्रियों के बाल मुझे भी
रेशम-से दिखायी देते थे।
और चाँद की ओर आँखें किये
मैं सारी रात जगता था।
सच तो यह है कि सितारों से
चाँदी के घुँघुरुओं की आवाज़ आती थी।
और चाँद मुझे औरत के
मुँह-जैसा लगता था।

सोचता था, प्रकृति के पीछे कोई विद्यमान है,
जो मेरा प्रेमी और सखा है।
(देखा-देखी रहस्यवाद का मज़ा
थोड़ा-बहुत मैंने भी चखा है।)

मगर विज्ञान ने सारी बातें
तितर-बितर कर दीं।
और विज्ञान से मेरा कुछ मतभेद है।

गरचे मुझे खेद है
कि न तो मैं विज्ञान को समझता हूँ,
न विज्ञान मुझे समझ पाता है।

ऐसे में गुरो!
केवल आपका नाम याद आता है।

(हारे को हरिनाम, प्र.सं.)

कविता और विज्ञान

हम रोमांटिक थे;
हवा में महल बनाया करते थे।
चाँद के पास हमने एक नीड़ बसाया था,
मन बहलाने को हम उसमें आया-जाया करते थे।

लेकिन तुम हमसे ज्यादा होशियार होना,
कविता पढ़ने में समय मत खोना।
पढ़ना ही हो, तो बजट के आँकड़े पढ़ो।
वे ज्यादा सच्चे और ठोस होते हैं।

अगर तुम यह समझते हो
कि तुम केवल शरीर नहीं,
आत्मा भी हो,
तो यह अनुभूति तुम्हें,
तकलीफ में डालेगी।
जो सभ्यता अदृश्य को नहीं मानती,
वह आत्मा को कैसे पालेगी?

विज्ञान की छड़ी जहाँ तक पहुँची है,
बुद्धि सत्य को वहीं तक मानती है।
मशीनों को लाख समझाओ,
वे आत्मा को नहीं पहचानती हैं।

सांख्यिकी बढ़ती पर है,
दर्शन की शिखा मन्द हुई जाती है।
हवा में बीज बोने वाले हँसी के पात्र हैं,
कवि और रहस्यवादी होने की राह
बन्द हुई जाती है।

(हारे को हरिनाम, प्र.सं.)

नेमत

कविता भक्ति की लिखूँ
या शृंगार की,
सविता एक ही है,
जो शब्दों में जलता है।

अक्षर चाहे जो भी उगें,
कलम के भीतर
भगवान मौजूद रहते हैं।

दूसरों से मुझे जो कुछ कहना है,
वह बात प्रभु पहले
मुझसे कहते हैं।

करुण काव्य लिखते समय
कवि पीछे रोता है,
भगवान पहले रोते हैं।

क्रोध की कविता
भगवान का भौं चढ़ाना है।

और प्रशंसा नर की करो
या नारी की,
भगवान नाराज़ नहीं,
खुश होते हैं।

कविता सबसे बड़ा तो नहीं,
फिर भी अच्छा वरदान है।

मगर मालिक की अजब शान है

जिसे भी यह वरदान मिलता है,
उसे जीवन भर पहाड़ ढोना पड़ता है।
एक नेमत के बदले
अनेक नेमतों से हाथ धोना पड़ता है।

(हारे को हरिनाम, प्र.सं.)

रक्षा करो देवता

रक्षा करो! रक्षा करो!
देवता! हमारा क्या गुनाह है?
तीन ककारों में पड़ी दुनिया तबाह है।

संसार तुमने बहुत सोच-समझ कर रचा है।
मगर, एक-एक से पूछ कर देख लो,
कामिनी, कंचन और कीर्ति से कौन बचा है!

मुनियों ने मेनका को गोद में बिठाया।
राजाओं ने कंगालों का कोष चुराया।

और कीर्ति?
यह चश्मा तो सर्वत्र उबलता है।
शहीद शहीद की जड़ खोदते हैं
और एक साधु दूसरे साधु से जलता है।

सच है कि कामिनी काल पा कर छूट जाती है।

लेकिन कंचन और कीर्ति?
रक्षा करो, रक्षा करो देवता!
जब तक जीवित हैं,
कुछ न कुछ खाना ही पड़ेगा।
जितने अच्छे हैं,
उससे ज्यादा बताना ही पड़ेगा।

(हारे को हरिनाम, प्र.सं.)

बच्चे

जी चाहता है, सितारों के साथ
कोई सरोकार कर लूँ।
जिनकी रोशनी तक हाथ नहीं पहुँचते,
उन्हें दूर से प्यार कर लूँ।

जी चाहता है, फूलों से कहूँ,
यार! बात करो।
रात के अँधेरे में यहाँ कौन देखता है,
जो अफवाह फैलायेगा
कि फूल भी बोलते हैं,
अगर कोई दर्द का मारा मिल जाये,
तो उससे अपना भेद खोलते हैं?

आदमी का मारा आदमी
कुत्ते पालता है।
मगर, मैं घबरा कर
बच्चों के पास जाना चाहता हूँ,
जहाँ निर्द्वन्द्व हो कर बोलूँ,
हँसूँ, गाऊँ, चुहलें मचाऊँ
और डोलूँ।

बूढ़ों का हलकापन
बूढ़ों को पसन्द नहीं आता है।
मगर, बच्चे उसे प्यार करते हैं।
भगवान की कृपा है
कि वे अभी गंभीरता से डरते हैं।

(हारे को हरिनाम, प्र.सं.)

सूर्य

सूर्य, तुम्हें देखते-देखते
मैं वृद्ध हो गया।

लोग कहते हैं,
मैंने तुम्हारी किरणें पी हैं,
तुम्हारी आग को
पास बैठ कर तापा है।

और अफवाह यह भी है
कि मैं बाहर से बली
और भीतर से समृद्ध हो गया।

मगर राज़ की बात कहूँ,
तो तुम्हें कलंक लगेगा।

ताकत मुझे अब तुमसे नहीं,
अंधकार से मिलती है।
जहाँ तक तुम्हारी किरणें
नहीं पहुँचतीं,
उस गुफा के हाहाकार से मिलती है।

(हारे को हरिनाम, प्र.सं.)

वैराग्य

जो कमरा सदियों से बंद है,
उसकी ताली मुझे मिल गयी है।
मगर मैं कमरा खोलता नहीं,
ताली को जतन से जुगाये चलता हूँ।

शीतलता प्राप्त हो सकती है।
मगर जलन की आदत पड़ गयी है,
इसलिए शौक से जलता हूँ।

जलने से घबरा कर मुक्ति नहीं खोजूँगा।
वैराग्य जीवन से
भागने का नाम नहीं है।

पुरुषार्थ सही है।
किन्तु भाग्य का चक्र
आयास से नहीं फिरता है।
पत्ता जब पक जाता है,
वृक्ष से वह अनायास गिरता है।

(हारे को हरिनाम, प्र.सं.)

ज्ञान का रास्ता

किताबें पढ़ीं
मन का मन्थन किया,
खूब सोचा-समझा और जाँचा।

लेकिन ज्ञान का रास्ता
मुझे रास नहीं आता है।
बिलकुल शुद्ध हिन्दी में पुकारता हूँ,
तब भी आराध्य पास नहीं आता है।

चारों ओर से हारा हुआ
मैं पराजय का गीत गाता हूँ।
अपना टूटा हुआ अहंकार
तुम्हारे चरणों पर चढ़ाता हूँ।

अपना यह ज्ञान वापस लो
और देवता, मुझे भक्ति दो।

जानता हूँ कि जो वसन्त चला गया,
वह अब और नहीं लौटेगा।
लेकिन चिरन्तन निदाघ भेजा है,
तो उसे सहने की शक्ति दो।

(हारे को हरिनाम, प्र.सं.)

रे मन

कहता हूँ,
रे मन, अब नीरव हो जा।
ससर सर्प के सदृश,
जहाँ है उत्स, वहाँ पर सो जा।

साखी बन कर देख,
देह का धर्म सहज चलने दे।

जो तेरा गन्तव्य,
वहाँ तक चल कर कौन गया है?

गल जाने दे स्वर्ण,
रूप में उसे स्वयं ढलने दे।

(हारे को हरिनाम, प्र.सं.)

असंभव

टहलना छोड़ दूँ,
यह हो सकता है।
लेकिन टहलूँ

और जमीन से पाँव न लगे,
यह अनहोनी बात है।

पानी से दूर रहूँ,
यह संभव है।
लेकिन पानी में तैरे
और वस्त्र न भीगे,
यह करिश्मा कौन कर सकता है?

अगर यह कमजोरी है,
तो इसका राज़ क्या है?
अगर यह बीमारी है,
तो इसका इलाज क्या है?

तब भी तेरी महिमा अपार है।
तू चाहे, तो यह असमर्थता भी
हर सकता है।

इसीलिए तो ऐसे लोग हैं,
जो पाँव छुलाये बिना
जमीन पर चलते हैं।
और आग में खड़े हो कर भी
नहीं जलते हैं।

(हारे को हरिनाम, प्र.सं.)

शान्ति की कामना

पानी का अचल होना
मन की शान्ति और आभा का प्रतीक है।

पानी जब अचल होता है,
उसमें आदमी का

मुख दिखलायी पड़ता है।
हिलते पानी का बिम्ब भी
हिलता है।

मन जब अचल पानी के
समान शान्त होता है,
उसमें रहस्यों का रहस्य मिलता है।

मन रे, अचल सरोवर के समान
शान्त हो जा।

जग कर तूने जो भी खेल खेले,
सब गलत हो गया।
अब सब कुछ भूल कर
नींद में सो जा।

(हारे को हरिनाम, प्र.सं.)

बुढ़ापा

बुढ़ापा, तुम से मेरी दोस्ती नहीं,
लड़ाई है।
तुम्हारा आना दोस्त का आना नहीं,
दुश्मन की चढ़ाई है।

तुम अकेले नहीं आये,
विपत्तियों की फौज
सजा कर लाये हो।

लेकिन, मैं आत्मसमर्पण
नहीं करूँगा।

जवानी की आखिरी दीवार से
पीठ लगा कर
मै तुमसे अन्त तक लड़ूँगा।

(हारे को हरिनाम, प्र.सं.)

आन्तरिक ऋतु

बाहर तो वसन्त अब और
आयेगा नहीं।
मन रे, भीतर कोई वसन्त
पैदा कर।

वसन्त यानी मौसम और मिजाज
के बीच समरसता।

निदाघ हो, तब भी
फूलों के लिए रोना नहीं।
पक्षी सारे उड़ गये,
अब डालियाँ सूनी हैं,
यह सोच कर ग्लानि में खोना नहीं।

हम मौसम में नीरव
और निश्चिंत रहना।
वसन्त की नदी की भाँति
मन्द-मन्द बहना।

(हारे को हरिनाम, प्र.सं.)

बेफिक्र

आनन्द है पेड़ से लग कर
गाने में,

खुली किताब हाथ में धरे-धरे
पलंग से उठँग कर
सो जाने में।

चिन्ता की शक्ति
जीवन का ज्वर है।
सोचना सभी दुखों का घर है।

बाँस के कुंज में बैठो
और चाय पियो।
जैसे चीन के पुराने सन्त जीते थे,
वैसे निश्चिन्त जियो।

(हारे को हरिनाम, प्र.सं.)

कमरा खाली है

कमरा खाली है
और बत्ती जल रही है।
कीड़े-मकोड़े कहीं नहीं दीखते।
फिर भी दीवार पर
एक छिपकली चल रही है।

मेज पर फूलों का गुलदस्ता है
ताजा और रंगीन।
वह कुछ बोलना चाहता है।

फुलवारी में सारे राज
आशकार नहीं हुए।
वह कमरे में भी कोई भेद
खोलना चाहता है?

लेकिन वह मौन है।
उसकी बात सुनने वाला कौन है!

कमरा खाली है
और बत्ती जल रही है।

(हारे को हरिनाम, प्र.सं.)

मुक्त

मैंने अपनी बिखरी शक्तियाँ
समेट ली हैं।
तुम्हारा जादू मैंने आजमा लिया है।
अब रेशम का जाल फेंकना बेकार है।
मोहिनी, मैंने फिर से
अपने आप को पा लिया है।

तुमने मेरे पैरों में
जो सोने की साँकलें डाली थीं,
वे टूट गयीं।

वह प्याला मैंने फेंक दिया
जिससे तुम मुझे आसव पिलाती थीं।

उन गीतों का असली अर्थ
मुझ पर अब खुला है,
जिन्हें तुम मुझे गोद में लिटा कर
बड़े प्रेम से गाती थीं।

सुस्ताने के बहाने मैं कुछ ज्यादा ही
सो गया।

लेकिन आदमी जब जगे,
तभी उसका प्रभात है।
मोहिनी, भगवान तुम्हारी रक्षा करें।
तुम भूलो या याद रखो,
मेरे लिए एक ही बात है।

(हारे को हरिनाम, प्र.सं.)

कविता और काम

कवि,
तुम्हारे हृदय को पवित्र जान कर
देवताओं ने तुममें आश्रय लिया था।
और भगवान ने
तुम्हें यह वरदान दिया था

कि सौन्दर्य जहाँ भी रहेगा,
तुम पहचान लोगे।
जिस कन्दरा में
सूर्य की किरणें नहीं पहुँचतीं,
वहाँ का भी रहस्य तुम जान लोगे।

साधुनी जब कुछ नहीं देखने का
बहाना करेगी,
तुम देखोगे कि वह किसी पुरुष के
ध्यान में है।

और मर्द जब भभूत रमा कर
समाधि में बैठेगा,
तुम समझ जाओगे कि
भीतर से वह तड़प रहा है,

क्योंकि मूर्ति मन्दिर में रह गयी है।
असल में कोई नारी उसके प्राण में है।

ईश्वर ने आशा की थी
कि तुम सब को देखोगे,
सब को क्षमा करोगे,
सब से बोलोगे-हँसोगे,
मगर इस गर्त में तुम खुद
नहीं फँसोगे।

मगर तुम्हारे पंख
मधु में फँस गये,
तुमने उड़ना छोड़ दिया।
जाना था तुम्हें ऊपर की ओर,
लेकिन अपना जहाज
तुमने नीचे की ओर
मोड़ दिया।

भगवान को अचरज है
कि यह क्या हो गया।
तुम्हारे भीतर का देवता
पछताता है,
हाय, मैं कहाँ आकर
खो गया?

(हारे को हरिनाम, प्र.सं.)

अनास्था

कविता लिखते हुए
मुझे भय लगता था।
कविता लिखते हुए

मैं अब भी थरथराता हूँ।
मानो मैं कुमारी नारी होऊँ
और यह पहली ही बार हो।

पहले कविता में लोग
रस और आनन्द
खोजते थे।

कविता पढ़ने या सुनने
वे इसलिए आते थे
कि क्षण भर को वे
होश-हवास खो सकें,
संसार के बन्धनों से छूट कर
हवा के साथ एक हो सकें।

अब कविता कहती है,
मैं आकाश में नहीं,
धरती पर चलूँगी।

जो कुछ धरती पर नहीं है,
वह छूँछा और झूठ है।
इन खोखले आदर्शों के खिलाफ
मैं क्रोध से जलूँगी।

क्रोधवती कविता से
मेरा निकट का परिचय है।
उसके सारे नखरे
मैं शौक से सहूँगा।

लेकिन अगर कोई
यह पूछ बैठे
कि तेरी कविता में

अनास्था कहाँ है?
तो समझ में नहीं आता
कि मैं क्या कहूँगा!

(हारे को हरिनाम, प्र.सं.)

भूमिका

भूमिका तो मैंने बहुत लम्बी लिखी,
मगर असली किताब
खाली की खाली है।

अँधेरे में मैंने जो अक्षर लिखे थे,
देखता हूँ, वे उगे ही नहीं।

आत्मज्ञान से भी शान्ति नहीं,
अशान्ति ही बढ़ती है।
है कहीं वह आँख
जो अन-उगे अक्षरों को पढ़ती है?

शब्दों से मैंने एक पुल बनाया था।
आशा थी, लोग उस पर चढ़ कर
आयेंगे-जायेंगे।

मैं उन्हें पुल पर आते-जाते देखूँगा,
वे भी मुझे एक ओर खड़ा पायेंगे।

मैं तो पुल के सिरे पर
आज भी बसता हूँ।

लेकिन कोई आदमी इस पुल को
पार नहीं करता।

अपनी बेवकूफी पर
मैं मन-ही-मन हँसता हूँ।

(हारे को हरिनाम, प्र.सं.)

कुंजी

घेरे था मुझे तुम्हारी साँसों का पवन,
जब मैं बालक अबोध अनजान था।

यह पवन तुम्हारी साँस का
सौरभ लाता था।
उसके कंधों पर चढ़ा
मैं जाने कहाँ-कहाँ
आकाश में घूम आता था।

सृष्टि शायद तब भी रहस्य थी।
मगर कोई परी मेरे साथ में थी;
मुझे मालूम तो न था,
मगर ताले की कुंजी मेरे हाथ में थी।

जवान हो कर मैं आदमी न रहा,
खेत की घास हो गया।

तुम्हारा पवन आज भी आता है
और घास के साथ अठखेलियाँ करता है,
उसके कानों में चुपके-चुपके
कोई संदेश भरता है।

घास उड़ना चाहती है
और अकुलाती है,
मगर उसकी जड़ें धरती में

बेतरह गड़ी हुई हैं।
इसलिए हवा के साथ
वह उड़ नहीं पाती है।

शक्ति जो चेतन थी,
अब जड़ हो गयी है।
बचपन में जो कुंजी मेरे पास थी,
उम्र बढ़ते-बढ़ते
वह कहीं खो गयी है।

(हारे को हरिनाम, प्र.सं.)

हार

हार कर मेरा मन पछताता है।
क्योंकि हारा हुआ आदमी
तुम्हें पसन्द नहीं आता है।

लेकिन लड़ाई में मैंने कोताही कब की?

कोई दिन याद है,
जब मैं गफलत में खोया हूँ?
यानी तीर-धनुष सिरहाने रख कर
कहीं छाँह में सोया हूँ?

हार आदमी की किस्मत में लिखी है।
जीत केवल संयोग की बात है।

किरणें कभी-कभी कौंध कर
चली जाती हैं,
नहीं तो, पूरी जिन्दगी
अँधेरी रात है।

(हारे को हरिनाम, प्र.सं.)

अहंकार विसर्जन

घड़ी थी, जब मैं माथे को
उतान किये चलता था।
जैसे आकाश में सूर्य जलता है,
वैसे ही धरती पर जलता था।

लेकिन जिन्दगी ने इतनी ठोकरें मारीं
कि माथा आपसे आप झुक गया।

सूर्य से होड़ लेने की उमंग
अब भी उठती है,
लेकिन लोहू में जो ताप था,
लगता है, चुक गया।

देवता, तुमने देह धर कर
मुझे लूटा है।
फिर भी संतोष है
कि मेरा अहंकार
तुम्हारे चरणों पर टूटा है।

(हारे को हरिनाम, प्र.सं.)

कीर्त्ति

रवीन्द्रनाथ ने कहा था,
आमार कीर्त्ति रे,
आमि कोरि ना विश्वास।

तो फिर मैं ही अपनी कीर्त्ति का
भरोसा क्यों करूँ?

मैं जिस डाल पर खड़ा हूँ,
वह टूटने वाली है।

जिस मटकी में मैंने
कीर्त्ति का दही सँजोया है,
वह फूटने वाली है।

कीर्त्ति कमाने वाले कितने ज्यादा लोग हैं!
काल अमिट संगमरमर के सिंहासन
कितनों के लिए बिछायेगा?

समय का पट बड़ा है,
फिर भी वह बहुत बड़ा नहीं है।

अगर काल चाहे भी
तो सबकी लिखावटें
अपनी छाती पर आँक नहीं सकता।

आकाश में जहाँ अगणित
नक्षत्र जगमगाते हैं,
रुपहले तारों से वहाँ
सभी के नाम टाँक नहीं सकता।

क्या पता, मेरा सोना मिट जाय
और लोहा बचे;
सभी कृतियों के बीच
समर्पण का कोई एक पद,

जो आज उपेक्षित है,
शायद वही पंक्ति
अथवा कोई छप्पय
या दोहा बचे।

(हारे को हरिनाम, प्र.सं.)

मशाल

लोग कहते हैं,
तुम्हारी मशाल
दूर-दूर तक जल रही है।
जनता तुम्हारी रोशनी में चल रही है।

इस बात पर यकीन तो नहीं होता,
मगर हृदय गुदगुदाता और काँपता है।
और तब कोई मेरी ऊँचाई नापता है।

लोग मुझें नहीं जानते,
मगर मैं अपने-आपको जानता हूँ।
जिसका ढोल चारों ओर पिट रहा है,
उसे मैं खूब पहचानता हूँ।

इसीलिए मैं अपनी कीर्त्ति से डरता हूँ।
और बार-बार यह प्रार्थना करता हूँ।

कि हे प्रभो,
कठिन घड़ी में काम आओ।
लोग मुझे जैसा समझते हैं,
तुम मुझे वैसा ही बनाओ।

साफ सुथरा, पारदर्शी और ईमानदार,
ईश्वर से डरने वाला,
परम्परा का आदर करने वाला।

अभागों के लिए रोने की बान छूटे नहीं।
मटमैली धरती से सरोकार टूटे नहीं।

बुढ़ापे की शिराओं में
जवानी का रस मौजूद रहे।
अन्याय के विरोध का साहस मौजूद रहे।

(हारे को हरिनाम, प्र.सं.)

कनफ्युसियस

मेरी चुप्पी की
दोस्तों में चर्चा होती है।

वे सोचते हैं, कवि कवि-सा
तो अभी भी दिखता है,
लेकिन कविता छोड़ कर
वह गद्य क्यों लिखता है?

राज न तो बहुत मोटा है,
न ज्यादा महीन है।
गम के मौसम से नजात मुश्किल है।
अरसे से कवि चिन्ता में तन्मय
और दर्द से गमगीन है।

कनफ्युसियस अक्ल की बातें
तो रोज बताता था,
मगर जिस दिन वह रोता था,
उस दिन गीत नहीं गाता था।

(हारे को हरिनाम, प्र.सं.)

अध्यात्म

तुम्हारा कुसूर यह है
कि तुम बड़ी ऊँचाई
पर चले गये।

बादल में छिपे पक्षी के समान
तुम्हें देखना भी मुहाल है।

और बाकियों का यह हाल है
कि वे खाते-पीते और मौज करते हैं।
आसमान में उड़ने की
उन्हें कोई उमंग नहीं है;
न वे धरती से चिपके
रहने से डरते हैं।

लेकिन खाना खाते हुए भी
रोटी का असली स्वाद
कितनों को मिलता है?

माना कि बाग जो भी चाहे,
लगा सकता है।
लेकिन वह फूल किसके
उपवन में खिलता है,
जिसके रंग तीनों लोकों
की याद दिलाते हैं
और जिसकी गन्ध पाने को
देवता भी ललचाते हैं?

(हारे को हरिनाम, प्र.सं.)

माला

जीवन की योजना
मैंने बनायी ही नहीं।
ज़िन्दगी खत्म हो चली,
मगर यह अक्ल कभी आयी ही नहीं।

जहाँ खूबसूरती मिली,
थोड़ी देर रुका रहा।
जहाँ सन्त मिले,
हाथ जोड़ कर झुका रहा।

दूसरों से ज्ञान सीख कर
शिक्षा दी है।
कभी-कभी भीख माँग कर भी
भिक्षा दी है।

जब जवानी थी,
आग से जलता था।
पहाड़ों पर बड़ी तेजी से
चलता था।

अब तो फुलवारी से
बहार जा रही है।
तुमने जो माला पहनायी थी,
गले में मुरझा रही है।

(हारे को हरिनाम, प्र.सं.)

भग्न वीणा

रागिनी तो तब भी कड़वी थी।
मगर वीणा पहले हमेशा
सुर में गाती थी।

जब दीपक बजाता था,
पेड़ों से दावानल फूट पड़ता था।
और जब मल्हार गाता,
तब इन्द्रधनुष उगते
और घटा धरती के
पास चली आती थी।

तब, न जाने, मुझसे
क्या कसूर हुआ
कि तुझे क्रोध आ गया।

तूने मेरी आवाज को तोड़ दिया।
वीणा तो मेरी गोद में ही रही,
लेकिन तूने उसके तारों को
मरोड़ दिया।

अब दीपक गाता हूँ,
तो मेरा अपना कंठ जलता है।
पेड़ों की छाती से
दावानल नहीं फूटता।

और मल्हार अब मेरे लोहू की
ऊमस का नाम है।
उसे सुन कर व्योम से
धाराधर नहीं छूटता।

मुझमें जो कुछ था,
तेरा प्रभाव था।
वह प्रभाव मैं वापस नहीं माँगता हूँ।

रात-रात भर केवल
इस उम्मीद में जागता हूँ
कि तू आये और गीतों का कोष
तेरे चरणों पर धर दूँ।

जो वीणा अब ठीक से नहीं बोलती,
उसे हमेशा के लिए
तुझे वापस कर दूँ।

(हारे को हरिनाम, प्र.सं.)

समुद्र के किनारे

जब नाव बनाने के दिन थे,
मैं रथ के निर्माण में लगा रहा।

जिन्दगी भर इसलिए जगा रहा
कि काल चकमा देकर
कहीं आगे न निकल जाय।

लेकिन ऐसा भी भला कहीं होता है?

काल मुझे वहाँ छोड़ कर
आगे बढ़ गया,
जहाँ न तो वन है,
न उपवन है, न पहाड़ है।

मैं रेती पर खड़ा हूँ।
आगे गरजता हुआ पारावार है।

ऐसे में तुम कहाँ हो,
जिसे मैंने अपना आराध्य
माना है?

अदृश्य के माँझी!
कोई नाव भेजो,
मुझे भी पार जाना है।

(हारे को हरिनाम, प्र.सं.)

पर्वतारोही

मैं पर्वतारोही हूँ।
शिखर अभी दूर का दूर है।
और मेरी साँस फूलने लगी है।

मुड़ कर देखता हूँ
कि मैंने जो निशान बनाये थे,
वे हैं या नहीं।
मैंने जो बीज गिराये थे,
उनका क्या हुआ?

किसान बीजों को मिट्टी में गाड़ कर
घर जा कर सुख से सोता है,

इस आशा में
कि वे उगेंगे
और पौधे लहरायेंगे।
उनमें जब दाने भरेंगे,
पक्षी उत्सव मनाने को आयेंगे।

लेकिन कवि की किस्मत
इतनी अच्छी नहीं होती।

वह अपने भविष्य को
आप नहीं पहचानता।

हृदय के दाने तो उसने
बिखेर दिये हैं,
मगर फसल उगेगी या नहीं,
यह रहस्य वह नहीं जानता।

(हारे को हरिनाम, प्र.सं.)

आँसू का अर्थ

आँसू का अर्थ पूछते हो?
आँसू के अर्थ यदि भाषा में समा पाते,
तो फिर मैं रोता क्यों?
कविता या कहानी न लिखता?

जब भाषा असमर्थ हो जाती है,
आँख से आँसू बहते हैं।

जो बात हम किसी भी
विधा में नहीं कह पाते,
उसे रोकर कहते हैं।

मगर अर्थ बताये बिना भी
आँसू का राज वह समझ सकता है,
जिसने अपने माथे पर
नियति का पावक झेला है;

एकान्त जिसका सुधियों के
मेले के समान है

और भरी भीड़ में
जो अजनबी और अकेला है।

(हारे को हरिनाम, प्र.सं.)

शहीद

रुदन की कविता लिखना वृथा है।
जिन्दों के बीच मुर्दा दिखना वृथा है।

कौन मानेगा कि तुम सच कहते हो
और ईमानदार हो?
कौन मानेगा कि विपत्तियाँ केवल
तुम्हीं पर पड़ी हैं?

मरने के पहले हर शहीद
सन्देह का पात्र होता है।

और मरने के बाद
कोई उसे याद रखता है,
कोई भूल जाता है।

और समझने की पूछो,
तो समझ उसे कोई नहीं पाता है।

(हारे को हरिनाम, प्र.सं.)

छोटे गीत

लम्बे नहीं, छोटे गीतों का गान करो।
छोटे-छोटे शब्दों में
खूबसूरत सत्य का बखान करो।

छोटे गीत, जो कंठ से आकर
अधरों पर मर जाते हैं,
असल में अमर हैं।

काल उन्हें नहीं डँसता है।
उनके भीतर जीवन का पीयूष बसता है।

(हारे को हरिनाम, प्र.सं.)

मुजरिम

मैं मुजरिम हूँ,
यह बात मैं कैसे मान लूँ?

गीतों की यह विधा मेरी चुनी हुई नहीं है।
यह तो सरस्वती की
अपनी पसन्द की राह है।

मैं तो वर्षों से गीतों के
इन्तजार में था
कि गाने वाली नदियों के समान
वे नाचते और उछलते आयेंगे।

लेकिन उन्होंने एक नयी चाल
पकड़ ली है।
मैं उन्हें कोई बात सिखा नहीं सकता,
न वह रास्ता दिखा सकता,
जिस पर मेरी सरस्वती की
सवारी आती थी।

मैंने अपने आपको
क्षमा कर दिया है।

बन्धु, तुम भी मुझे क्षमा करो।

मुमकिन है, वह ताज़गी हो,
जिसे तुम थकान मानते हो।
ईश्वर की इच्छा को
न मैं जानता हूँ,
न तुम जानते हो।

(हारे को हरिनाम, प्र.सं.)

पावक

काठ का टुकड़ा इसलिए जलता है
कि वह अपने भीतर की
आग को व्यक्त कर सके।

पर तू तो मुझे ऐसे मारना चाहता है
कि मैं मरूँ भी
और मेरी आग न फूटे।

मगर मैं हठ ठानूँगा,
तुम्हारी आज्ञा नहीं मानूँगा।

मृत्यु के अँधेरे को
अपने प्रकाश से भरूँगा,
भीतर के पावक को
व्यक्त करके मरूँगा।

(हारे को हरिनाम, प्र.सं.)

पद्मा

कविता के लिए जिस शक्ति की जरूरत है,
वही शक्ति बच्चा खिलाने में
खर्च होती है।

मेरी एक तीन वर्ष की पोती है।

मैं जब कविता की समाधि के लिए
कमरे में बन्द होता हूँ,
वह अँधेरे में भी
द्वार पर दस्तक देती है।
और कहती है,
"बाबा, किवाड़ खोलो।"

अब बोलो कि मैं क्या करूँ?
किवाड़ खोल कर
बच्ची को गोद में उठाऊँ
या निष्ठुर होकर
कविता का ध्यान करूँ?

ज्यादा जरूरी कौन है?
वह, जिसे मैं ध्यान में
पकड़ना चाहता हूँ?
या वह, जो बाहर खड़ी
प्रेम से मुझे टोक रही है?

मैं तो बड़ी लाचारी में हूँ।
मगर लोग कहेंगे,
पद्मा कविता को
जन्म लेने से रोक रही है।

(हारे को हरिनाम, प्र.सं.)

कला

जो व्यक्ति लिखता है,
और जो व्यथा भोगता है,
उन दोनों के बीच
झीनी दीवार खड़ी करो।

मैं यह नहीं कहता
कि मेरी उम्र बड़ी करो।

पर जब तक जियूँ,
वीणा सुर में बोलती रहे।
वह मेरी ही नहीं,
सब का दर्द खोलती रहे।

और मैं अपनी सृष्टि में
उसी प्रकार छिपा रहूँ,
जैसे तुम अपनी
रचना में प्रच्छन्न हो।

ताप सब को महसूस हो,
मगर आग नहीं मिले।

कविता में कवि कहाँ छिपा है,
इसका सुराग नहीं मिले।
यह कलाकार की सच्ची स्थिति है।

और इसे मैंने आज तक निभाया था।
लोग समझते रहे कि
मैं देश का दर्द गाता हूँ।
मगर दर्द मैंने
अपना ही गाया था।

लेकिन, देखो, अब मेरा कितना बुरा हाल है?

लगता है, मैं कविता नहीं लिखता,
सरापा दर्द हुआ जाता हूँ।
दीवार उठाने में देर हो,
तो कोई चादर ही फेंको।
प्रभो, भरी सभा में
मैं बेपर्द हुआ जाता हूँ।

(हारे को हरिनाम, प्र.सं.)

मनसूबा

मैं अब भी इस आशा में हूँ
कि तुम कुछ कहोगे।
बात को आधे रास्ते में छोड़ कर
चुप नहीं रहोगे।

मुझे तो अभी बहुत कुछ जानना है।
आकाश का विस्तार नापना है,
सागर की गहराई थाहनी है
और मरने से पहले
अपने-आपको पहचानना है।

जिन्दगी के थपेड़े तो खूब खाये,
मगर मनसूबे अभी मरे नहीं हैं।
पेड़ के सभी पत्ते गरचे हरे नहीं हैं,
मगर डाली में रस है।

और रस की यह धारा
कैद से छूटना चाहती है।
टहनी के भीतर बेचैनी है।

शायद कोई कोंपल फूटना चाहती है।

मैं रेगिस्तान में खड़ा
रस से भरा पेड़ हूँ,
जी भर कर इस बार भी
फलना चाहता हूँ।

जिस रास्ते पर तुम यहाँ तक ले आये,
उस पर और भी आगे चलना चाहता हूँ।

मालिक, तुम्हारे इस दीये में
तेल अभी बाकी है।
अन्धकार को फाड़ने को
मैं अभी और जलूँगा।

तुम्हारी पताका
इस अध-मंजिल पर
नहीं रुकेगी।
उसे उठाये हुए
पर्वत के शिखरों पर
मैं अभी और चलूँगा।

(हारे को हरिनाम, प्र.सं.)

स्वर्ग

स्वर्ग, तुम्हारे बालू में
गरदन घुसेड़ कर जीना,
धरती का जल छोड़ कर
कल्पना का नीर पीना
मुझे अच्छा नहीं लगता।

न मैं ईश्वर का नाम
इसलिए लेता हूँ
कि नामस्मरण से
मुसीबत से नजात पाऊँगा।
लोग पूछते रहेंगे
"अरे, वह गया कहाँ?"
और मैं चोरी-चोरी
स्वर्ग की राह से
किसी दूसरे जीवन में पहुँच जाऊँगा,
जहाँ न दुख होगा, न शोक होगा,
सरिता फूलों की छाँव में बहेगी,
मेरे कानों में प्रेम की कथा कहेगी।

यह सत्य है कि मैं ध्यान में रहता हूँ।
किन्तु, प्रभु से मैं केवल एक ही बात कहता हूँ।
कि जब मैं दुख भोगूँ,
तुम सामने खड़े रहो।

तुम जब सामने रहते हो,
मन नहीं घबराता है।
तुम्हारे स्पर्श से दुख भी
सुख बन जाता है।

जीवन केवल दुख ही नहीं,
वह मधु का भी कोष है।

साँपों और बाघों की
जोखिम झेल कर
यह मधु मैं अन्त तक पियूँगा।
और राम जैसे जिलायेंगे,
बड़े प्रेम से जियूँगा।

(हारे को हरिनाम, प्र.सं.)

पुनर्जन्म

जन्म ले कर दुबारा न जनमो,
तो भीतर की कोठरी काली रहती है।
कागज चाहे जितना भी
चिकना लगाओ,
जिन्दगी की किताब
खाली की खाली रहती है।

शुक्र है कि इसी जीवन में
मैं अनेक बार जनमा
और अनेक बार मरा हूँ।

तब भी अगर मैं
ताजा और हरा हूँ,
तो कारण इसका यह है
कि मेरे हृदय में
राम की खींची हुई
अमृत की रेखा है।

मैंने हरियाली पी है,
पहाड़ों की गरिमा का
ध्यान किया है,
बच्चे मुझे प्यारे रहे हैं

और वामाओं ने राह चलते हुए
मुझे प्रेम से देखा है।

पर्वत को देखते-देखते
आदमी का नया जन्म होता है।
और तट पर खड़े ध्यानी को
समुद्र नव जीवन देने में समर्थ है।

नर और नारी
जब एक दूसरे की दृष्टि में
समाते हैं,
उनका नया जन्म होता है।
पुनर्जन्म प्रेम का पहला अर्थ है।

पुनर्जन्म चाहे जितनी बार हो,
हमेशा जीवित रहने से
हमें डरना भी चाहिए।
दोस्ती, बन्धन और लगाव की भी
सीमा होती है।

अपने अतीत के प्रति
हर रोज हमें थोड़ा
मरना भी चाहिए।

(हारे को हरिनाम, प्र.सं.)

हारे को हरिनाम

सब शोकों का एक नाम है क्षमा,
हृदय, आकुल मत होना।

(1)

दहक उठे जो अंगारे बन नये,
कुसुम-कोमल सपने थे।
अन्तर में जो गाँस मार कर गये,
अधिक सबसे अपने थे।
अब चल उसके द्वार सहज जिसकी करुणा है।
और कहाँ, किसका आँसू कब थमा?
हृदय, आकुल मत होना।

(2)

आघातों से हो विषण्ण म्रियमाण
गान मत छोड़ अभय का।
और न कर अब अधिक मार्ग-सन्धान
सिद्धि का, दैहिक जय का।
सुख निद्रा की निशा, विपद जागरण प्रात का।
किरणों पर चढ़ पकड़ प्रकृति उत्तमा।
हृदय, आकुल मत होना।

(3)

उषः लोक का पुलकाकुल कल रोर
मधुर जिसका प्रसाद है।
दुर्दिन की झंझा में वज्र-कठोर
उसी का शंखनाद है।
जिसका दिवस ललाट, उसी का निशा चिकुर है।
रम उसमें, जो है दिगन्त में रमा।
हृदय, आकुल मत होना।

(हारे को हरिनाम, प्र.सं.)

अध्यात्म

उलझन

नील नभ में हँसता यह कौन
तिमिर की मदिरा का कर पान?
तरल सोने की वर्षा-बीच
प्रकृति करती क्यों हँस-हँस स्नान?

गयी किसकी माला यों टूट?
गगन पर ये मोती अनमोल?
व्यथित आ कर कोई चुपचाप
गया निज अश्रु-खजाना खोल?

निशा के अंगों में ये छिद्र?
आह! कैसी यह निष्ठुर मार?
ओस-कण में रजनी का रुदन
समझता होगा क्या संसार?

अमा का तम-पर्दे के बीच
लजाना कौन सकेगा जान?
समझ पायेगा कैसे विश्व
नील नभ का यह नीरव गान?

लुटाते अपने हाथों नित्य
सुमन सौरभ की निधियाँ खोल।
एक उलझन-सा लगता मुझे
विहँसना ऊषा का अनमोल।

तिमिर का हो जाता संहार,
विश्व की निद्रा जाती टूट।
कौन आकर धीरे से प्राच्य
गगन की लाली लेता लूट?

रश्मि के रथ पर हो आरूढ़
विश्व में बरसाता रवि ताप।
साँझ ही जा छिपता है कहाँ
जला कर जगती का दुष्पाप?

दिवा की है क्यों उज्ज्वल ज्योति?
रँगी क्यों श्याम रंग में रात?
उदासी में भूली-सी साँझ।
मुकुट-मणि दिन का स्वर्ण-प्रभात।

बिछी पद-तल धरणी निःसीम,
और ऊपर अनन्त आकाश।
दीखता इन दोनों के बीच
शून्यता का कैसा आभास?

(प्रण-भंग तथा अन्य कविताएँ, अनुमानतः 1928-29)

अनुरोध

जीवन-कली की पँखुरी में गन्ध-से तुम बन्द हो,
नित मन्द-गति से घूमते घन-तुल्य हृदयाकाश पर।

प्लावित हुए हैं प्राण, प्रिय, तुम मधुर लय, मृदु छन्द हो,
ऋतुपति, सदा हँसते रहो अपने उपवन-विकास पर।

दृग बन्द हों, तब तुम सुनहले स्वप्न बन आया करो,
राकेश, निद्रित प्राण को भरते रहो आलोक से।

नीरव निलय में नाथ, आकर गान मृदु गाया करो,
भयभीत हो लघु मन नहीं दारुण विरह के शोक से।

नक्षत्रमय ज्यों नील नभ में हँस रहा राकेश है,
अगणित दुखों से पूर्ण जीवन बीच त्यों हँसते रहो।

सूखी लता, मुरझे सुमन, मरुथल बना हृद्देश है,
प्रियतम, विजनता-बीच सौरभ नित्य फैलाते रहो।

लगने न पावे अब कभी उस विस्मरण की कालिमा,
वर दो, सदा धोता रहूँ मन को नयन के नीर से।

(प्रण-भंग तथा अन्य कविताएँ, अनुमानतः 1928-29)

उपासना

नाथ, तुम्हारी इस नगरी में मची बड़ी हलचल है,
अर्चन-साज सजाते सब, घर-घर में चहल-पहल है।

कुसुमांजली करों में ले सब बढ़े चले जाते हैं,
आह, मगों में एक-दूसरे को दुख पहुँचाते हैं।

प्रेम-कुंज में यह विरोध की विषम-वेलि फैली है,
उफ, उपासना की गंगा हो रही आज मैली है।

इधर सोच मैं रहा कि खोलूँ पट किस देवालय के?
जीवन-यान उधर भागा जाता है निकट प्रलय के।

अब अनन्त गायन के ये ध्वनि-भंग प्रभो! हों बन्द,
थिरक उठे यह विश्व प्राप्त कर एक ताल-लय छन्द।

एक अनन्त मधुर स्वर में तेरा गुण-कीर्त्तन गावें,
प्रभो! एक मन्दिर में चलकर सब मिल सीस झुकावें।

(प्रण-भंग तथा अन्य कविताएँ, अनुमानतः 1928-29)

जिज्ञासा

कविता रसीली कौन नभ-नीलिमा में व्याप्त,
किन लोचनों के अश्रु छाये हैं गगन में?

सरित अलापती है किसका सुहाग-गान?
किसके हृदय के भव्य भाव हैं सुमन में?

ऊषा के मयंक में है किसका निराश रूप?
किसकी उसाँस है निशीथ के पवन में?

चुम्बन में कौन-सी है मादकता? कौन मंत्र
बालिका की सरल, सलज्ज चितवन में?

(प्रण-भंग तथा अन्य कविताएँ, 1930)

गीत

कौन पथ जाता तेरी ओर?

(1)

ज्योति-लहर आती जिस पथ से,
उतर रही उषा जिस रथ से,
चलूँ उधर ही क्या करुणानिधि!
चढ़ कर किरण-हिंडोर?
कौन पथ जाता तेरी ओर?

(2)

रत्नों से भूषित नभ-अम्बर,
बुनता विधु किरणों की झालर,
तनिक बढ़ा दे, छू लूँ मैं भी तेरे पट का छोर।
कौन पथ जाता तेरी ओर?

(३)

हँसते कुसुम, चहकते द्विजदल,
ज्योतिमयी सरि का रव कलकल,
खोज रहा, किस उद्गम से आती यह पुलक-हिलोर।
कौन पथ जाता तेरी ओर?

(प्रण-भंग तथा अन्य कविताएँ, अनुमानतः 1930-31)

याचना

प्रियतम! कहूँ मैं और क्या?
शतदल, मृदुल जीवन-कुसुम में प्रिय! सुरभि बनकर बसो।
घन-तुल्य हृदयाकाश पर मृदु मन्द गति विचरो सदा।
प्रियतम! कहूँ मैं और क्या?

दृग बन्द हों तब तुम सुनहले स्वप्न बन आया करो।
अमितांशु! निद्रित प्राण में प्रसरित करो अपनी प्रभा?
प्रियतम! कहूँ मैं और क्या?

उडु-खचित नीलाकाश में ज्यों हँस रहा राकेश है,
दुखपूर्ण जीवन-बीच त्यों जाग्रत करो अव्यय विभा।
प्रियतम! कहूँ मैं और क्या?

निर्वाण-निधि दुर्गम बड़ा, नौका लिये रहना खड़ा,
कर पार सीमा विश्व की जिस दिन कहूँ 'वन्दे, विदा।'
प्रियतम! कहूँ मैं और क्या?

(रेणुका, परवर्ती संस्करण, 1934)

निर्वासित

बार-बार लिपटा चरणों से, बार-बार नीचे आया;
चूक न अपनी ज्ञात हमें, है दण्ड कि निर्वासन पाया।

(1)

तरी झाँझरी साथ मिली,
चल पड़ा कहीं तिरता-तिरता,
लहर-लहर पर सघन अमा में
ज्योति खोजता मैं फिरता।

विन्दु सिन्धु के हेतु व्यग्र, आधार खोजती है छाया।
चूक न अपनी ज्ञात हमें, है दण्ड कि निर्वासन पाया।

(2)

बाँध रखूँ आलिंगन में कस,
ऐसी यहाँ बयार नहीं;
कबरी की भी कली
साथ चलने को है तैयार नहीं।

पश्चात्ताप यही कि विश्व में खोया वहीं, जहाँ पाया,
चूक न अपनी ज्ञात हमें, है दण्ड कि निर्वासन पाया।

(मृत्ति-तिलक, 1935)

विरह-योगिनी

मैं योगिनि निज राम पिया की।

(1)

अम्बर छान धरणि पर आयी,
निशि-छबि देख मुदित अकुलायी!

ज्योत्स्ना-धौत सरित, तृण, तरु, बन
प्रति छवि मम पिय की परछाईं।

मैं पगली निशि भर चूमी
फूलों में मधुर विभा रसिया की।
मैं योगिनि निज राम पिया की।

(2)

मेरे अश्रु, जगत के सावन,
उर-कंपन, तारों के स्पन्दन।
विरह निरावधि, मैं मतवारी,
चिर-तरुणी, बाबली, व्यथितमन।

युग से कूक रही वन-वन
कोयल बन मेरी हूक हिया की।
मैं योगिनि निज राम पिया की।

(3)

पग-ध्वनि बजा जलद-रमझम में,
उझक झाँक छिप कुसुम-कुसुम में
निकट दूर उग क्षण-क्षण प्रियतम
जाते डूब अगाध, अगम में।

तलफ रही किस विध पाऊँ
फिर गोद मधुर बालम छलिया की।
मैं योगिनि निज राम पिया की।

(प्रण-भंग तथा अन्य कविताएँ, 1935)

आश्वासन

(1)

तृषित! धर धीर मरु में
कि जलती भूमि के उर में
कहीं प्रच्छन्न जल हो।
न रो यदि आज तरु में
सुमन की गन्ध तीखी,
स्यात, कल मधुपूर्ण फल हो।

(2)

नए पल्लव सजीले,
खिले थे जो वनश्री को
मसृण परिधान देकर;
हुए वे आज पीले,
प्रभञ्जन भी पधारा कुछ
नया वरदान लेकर।

(3)

दुखों की चोट खाकर
हृदय जो कूप-सा जितना
अधिक गंभीर होगा;
उसी में वृष्टि पा कर
कभी उतना अधिक संचित
सुखों का नीर होगा।

(4)

सुधा यह तो विपिन की,
गरजती निर्झरी जो आ
रही पर्वत-शिखर से।

वृथा यह भीति घन की,
दया-घन का कहीं तुझ
पर शुभाशीर्वाद बरसे।

(5)

करें क्या बात उसकी,
कड़क उठता कभी जो
व्योम में अभिमान बनकर?
कृपा पर ज्ञात उसकी,
उतरता वृष्टि में जो सृष्टि
का कल्याण बनकर।

(5)

सदा आनन्द लूटें,
पुलक-कलिका चढ़ा या
अश्रु से पद-पद्म धोकर;
तुम्हारे बाण छूटें,
झुके हैं हम तुम्हारे हाथ
में कोदण्ड होकर।

(रसवन्ती, 1936)

मरण

लगी खेलने आग प्रकट हो,
थी विलीन जो तन में;
मेरे ही मन के पाहुन
आये मेरे आँगन में।

बन्ध काट बोला यों धीरे
मुक्ति-दूत जीवन का—

'विहग, खोलकर पंख आज
उड़ जा निर्बन्ध गगन में।'

पुण्य पर्व में आज सुहागिनि!
निज सर्वस्व लुटा दे,
माँग रहे मुँह खोल पिया
कुछ प्रथम-प्रथम जीवन में।

आज कहाँ की लाज बावली?
खोल, चीर-पट तन से।
रहे न टुक व्यवधान, नग्न
घुल-मिल जा कनक-किरण में।

देख रहा ज्यों स्वप्न बीज
ऋतुपति का हिम के नीचे,
छिपी हुई गोतीत विभा त्यों
कोलाहल-क्रन्दन में।

उठी यवनिका आज तिमिर की,
अंकुर उगा विभा का;
चमक उठी वह पगडंगी, जो
प्रिय के गयी भवन में।

पूछ रहा था जिसकी सुधि
वन्दी! अब तक उडुगण से,
मुक्त घूमकर खोज उसे
अब फूल-फैल त्रिभुवन में।

ठौर-ठौर हैं मरण-सरोवर
बने पिया के मग में,
धोकर श्रान्ति, स्वस्थ हो पन्थी!
लग जा पुनः लगन में।

(रसवन्ती, प्र.सं.)

संकेत

जलद-जाल में कुन्तल तेरे उलझ रहे,
सुरधुन का केयूर, बाँह पर मणिबन्धन;
जहाँ हमारे मस्तक पहुँच नहीं सकते,
फूलों-से पड़ते हैं तेरे दिव्य चरण।

रंग-भरी कल्पना हमारी भी क्या है?
छाया, तेरी कनक-चेतना की छाया;
साँसों में भरता सुगन्ध तू ही लेकिन,
जग कहता, मैं इसे स्वर्ग से ले आया।

मरकत-से, मणि-से, विद्रुम-से, फूलों-से
नभ में पावन चरण-चिह्न उतराते हैं,
जिधर-जिधर ले जाता है संकेत हमें,
उधर-उधर हम अपना प्रेम चढ़ाते हैं।

(नील कुसुम, 1949)

अशब्द

घन पर धर कर चरण, किरण का लिये क्षीण आधार,
सोच रहा, कैसे खोलूँ, अज्ञात विश्व का द्वार।
अविश्लिष्ट जग के मुख पर से कैसे शिला हटाऊँ?
धरूँ कौन-सा रूप? स्वप्न के भीतर कैसे जाऊँ?
खोल-खोल, निज नयन काल! पलकों में करूँ प्रवेश,
देखूँ मिहिर-विवर से चल अज्ञात हृदय का देश।

अविश्लिष्ट वह देश जहाँ पर मनोमग्न जीवन है,
चेतनता निष्कम्प जहाँ नीरवता में कम्पन है।
सिमटा सार निखिल प्राणों का जिसके निभृत निलय में,
अक्षय अमृत-घटी-सा जो विजड़ित है काल-हृदय में।

स्वप्न देह धर जहाँ विचरते मिट्टी पर पग देकर,
और सत्य झिलमिल रहता आभास स्वप्न का लेकर।
जहाँ मरण के रन्ध्र-रन्ध्र में कूजित अमर प्रकाश,
आलिंगन में बँधे पड़े हैं मृत्ति और आकाश।

खोलो, खोलो अजिर-द्वार, अज्ञात जगत के स्वामी!
अविश्लिष्ट, अव्यक्त भेद का व्यक्त मनुज मैं कामी।

छूने दो आवरणहीन कर से अरूप सपने को,
पहुँचाने दो परे स्पर्श की सीमा से अपने को।
तनिक अतल तक डूब देखने दो, खाई यह क्या है,
समाधान उठता रहता जिसमें से नित्य नया है।
गहन मूकता में, शब्दों की मुखर परिधि के पार,
प्राणों को सुनने दो प्राणों का अशब्द गुंजार।

(नील कुसुम, 1949)

अगोचर का आमंत्रण

आदि प्रेम की मैं ज्वाला,
उतरी गाती यों प्रात-किरण,
जो प्रेमी हो, आगे बढ़,
मुझ अनल-विशिख का करे वरण।

कहती गन्ध, साँस से जिसकी,
सुरभित हैं अग-जग, त्रिभुवन,
वृन्तहीन उस आदि पुष्प का,
मैं आयी बन आमंत्रण।

छायातरु कहते कि प्रेम की
हम आशा कहलाते हैं,

थके प्रेमियों पर हिल-डुल हम
शीतलता बरसाते हैं।

चलना ही चलना केवल क्या,
सुन लो कुछ जब-तब रुक कर।
निर्झरिणी कहती कि देख लो,
अपने को मुझमें झुककर।

हम सवाक् आनन्द प्रेम के,
और अधिक हम क्या बोलें?
गीत-विहग कहते कि भेद,
इससे आगे कैसे खोलें?

(मृत्ति-तिलक, 1949)

दान

क्या दोगे देवता, मनुज को?
स्नेह, शक्ति या सोना?
तन में मन का विलय कि
मन में ही तन का लय होना?

(प्रण-भंग तथा अन्य कविताएँ, क्षणिकाएँ, 1949)

गृह-रचना

लोमश ऋषि ने नहीं बनाया गेह।
प्रलय-पयोधि-बीचियों पर यद्यपि वे भी तिरते हैं
और विचरते हैं नवीन गीली-गीली वसुधा पर;
वसुधा, जो हर बार काल का शरबत बन जाती है
महाप्रलय के प्लावन में शक्कर-समान घुलमिल कर।

और निकल आती है फिर हर बार काल के मुख से
नयी चारुता लिये, शीर्णता का कालुष्य बहा कर;
पावक में गल कर सुवर्ण ज्यों नया रूप पाता हो,

या जैसे कर स्नान अमृत की किसी दिव्य धारा में
हो जाये कामिनी पुनः पावन बालिका कुमारी।
कहते जिसको महानाश हम, उस संहारक का भी
आधा अंग अमृत-पूरित है, आधा अंग गरल है।

लोमश ऋषि ने नहीं बनाया गेह।
सोचा, विस्तृत महाकाश से भाग खड़ा होना क्या?
छिपना क्या घट-भेक-सदृश दीवारों के घेरों में?
मन पर देह, देह पर मोटी ईंटों की दीवारें।
लेकिन, हम इस तरह कैद में कब तक रह सकते हैं?
एक रोज टूटती देह, दीवारें ढह पड़ती हैं,
घट का बन्दी व्योम महा अम्बर में खो जाता है।
ऐसा ही था जबकि शून्य पर घेरा नहीं पड़ा था,
ऐसा ही होगा जब देही पर दीवार न होगी।

दीवारें ऊँची कर ऊपर छत का जोड़ मिलाना
महाकाश से अपने को विच्छिन्न बना लेना है।
नहीं देखते प्रलय छतों के नीचे बसनेवाले,
उसे देखता, किसी ओर जिसके दीवार नहीं हो।

साँसें रुकतीं नहीं तुम्हारी क्या इन दीवारों से?
प्राणों पर लगती न भार-सी क्या लक्ष्मण-रेखाएँ?
और घरों में क्या केवल जीवित जन ही बसते हैं?

मादकता के प्रेत, कामना की काली छायाएँ,
मरी हुई कल्पना, वाष्प निर्धूम, बुझे चिन्तन का,

सब रहते हैं टँगे लिपट कर मकड़ी के जालों से
याकि लटक रोगिणी वायु की उलझी हुई लटों से।

जीवित करो घ्राण किरणों से पोषित ताम्र पवन में,
फिर तो तुम इस कक्ष-बीच क्षण भर न ठहर पाओगे।

छाया के नीचे पलती जो, धूप न सह सकती है,
वायु न मिलती जिसे, रंग उसका पीला होता है।
खूब किया लोमश ने कोई गेह न कभी बनाया;
छाती फुला पिया जी भर झंझा से साँस लगाकर
वह संजीवन जो कि सिर्फ झंझाओं में आता है।

और रोम के कूप-कूप को भरा अमृत-धारा से,
वह धारा जो दोपहरी की किरणों में झरती है।

मरी हुई चाँदनी ओढ़कर घर में सोनेवालो!
चूम रहे तुम जिन्हें, चूमने की वे चीज नहीं हैं।
न तो प्राण का कम्पन इनमें और न ताप लहू का,
ये तो केवल प्राणहीन तन हैं मुरदे सपनों के।

गृह रचने का शाप, देह तो घेरे में पड़ती है,
लेकिन, मन चूने की उजियाली में खो जाता है।
और एक उजियाली ही तब सब कुछ बन जाती है,
फिर मनुष्य को और न कोई नया रंग भाता है।

मिल सकती ताजगी अगर वातायन बड़े-बड़े हों,
मगर, खिड़कियाँ सन्धिपत्र के ही आखिर पन्ने हैं।
ये पन्ने खुलते जब शर्तों में मिठास होती है,
हो जाते वे बन्द जभी तूफान बड़ा आता है।

(नील कुसुम, 1950)

संजीवन-घन दो

जो त्रिकाल-कूजित संगम है, वह जीवन-क्षण दो,
मन-मन मिलते जहाँ देवता! वह विशाल मन दो।

माँग रहा जनमन कुम्हलाया,
बोधिवृक्ष की शीतल छाया,
सिरजो सुधा, तृषित वसुधा को संजीवन-घन दो।
मन-मन मिलते जहाँ देवता! वह विशाल मन दो।

तप कर शील मनुज का साधें,
सबके प्राण कुसुम से बाँधे,
सत्य-हेतु निष्ठा अशोक की, गौतम का प्रण दो।
मन-मन मिलते जहाँ देवता! वह विशाल मन दो।

देख सकें सबमें अपने को,
महामनुजता के सपने को,
हे प्राचीन! नवीन मनुज को वह सुविलोचन दो।
मन-मन मिलते जहाँ देवता! वह विशाल मन दो।

खँडहर की अस्तमित विभाओ,
जगो, देवियो! दरस दिखाओ,
पीड़ित जग के लिए ज्ञान का शीतल अंजन दो।
मन-मन मिलते जहाँ देवता! वह विशाल मन दो।

(मृत्ति-तिलक, 1951)

नई आवाज

कभी की जा चुकीं नीचे यहाँ की वेदनाएँ,
नए स्वर के लिए तू क्या गगन को छानता है?

(1)

बताएँ भेद क्या तारे? उन्हें कुछ ज्ञात भी हो,
कहे क्या चाँद? उसके पास कोई बात भी हो।
निशानी तो घटा पर है, मगर, किसके चरण की?
यहाँ पर भी नहीं यह राज़ कोई जानता है।

(2)

सनातन है, अचल है, स्वर्ग चलता ही नहीं है;
तृषा की आग में पड़कर पिघलता ही नहीं है।
मजे मालूम ही जिसको नहीं बेताबियों के,
नई आवाज की दुनिया उसे क्यों मानता है?

(3)

धुओं का देश है नादान! यह छलना बड़ी है,
नई अनुभूतियों की खान वह नीचे पड़ी है।
मुसीबत से बिंधी जो जिन्दगी, रौशन हुई वह,
किरण को ढूँढ़ता लेकिन, नहीं पहचानता है।

(4)

गगन में तो नहीं बाकी, जरा कुछ है अनल में,
नए स्वर का भरा है कोष पर, अब तक अतल में।
कढ़ेगी तोड़कर कारा अभी धारा सुधा की,
शरासन को श्रवण तक तू नहीं क्यों तानता है?

(5)

नया स्वर खोजनेवाले! तलातल तोड़ता जा,
कदम जिस पर पड़ें तेरे, सतह वह छोड़ता जा;
नई झंकार की दुनिया खत्म होती कहाँ पर?
वही कुछ जानता, सीमा नहीं जो मानता है।

(6)

वहाँ क्या है कि फव्वारे जहाँ से छूटते हैं,
जरा-सी नम हुई मिट्टी कि अंकुर फूटते हैं?
बरसता जो गगन से वह जमा होता मही में,
उतरने को अतल में क्यों नहीं हठ ठानता है?

(7)

हृदय-जल में सिमट कर डूब, इसकी थाह तो ले,
रसों के ताल में नीचे उतर अवगाह तो ले।
सरोवर छोड़ कर तू बूँद पीने की खुशी में,
गगन के फूल पर शायक वृथा संधानता है।

(धूप और धुआँ, प्र.सं.)

सबसे बड़ी आवाज़

शून्य का जो उत्स, उसके पास है वह।
काल की निस्सीमता की साँस है वह।
है पची हर चीज के आकार में,
फूटती लेकिन नहीं झंकार में,
मूक है, प्रच्छन्न है सबसे बड़ी आवाज।

सिन्धु गर्जन कर रहा है;
ये नहीं मर जायँ अम्बर में बिखर कर,
अमरता के लोभ से हर एक स्वर को
भूमि की श्रुति में युगों से भर रहा है।

भूमि, लेकिन, कब तलक ठहरी रहेगी?
अमरता की प्यास में जलती हुई
कान में कब तक जुगाये नाद की लहरी रहेगी?

सिन्धु को जाना जहाँ है,
भूमि को अपना विलय पाना वहाँ है।
बोलनेवाली तरंगें मौन होंगी,
तब यहाँ आवाज उठती कौन होगी?

विश्व के ये नाद टकराते जहाँ पर,
अन्त में विश्राम हैं पाते जहाँ पर;
उस सतह की मूकता के कुंज-वन में
एक छोटी-सी खगी का रूप धर कर
है छिपी बैठी हुई सबसे बड़ी आवाज।

बन्धु मेरे सिन्धु, यों क्या चीख़ते हो?
तुम सुयश के भिक्षु मुझको दीखते हो।
मोह में भूले हुए प्लुत में पुकारो,
या कि उससे भी अधिक निज कण्ठ फाड़ो।

यह जगत इस छोर से उस छोर तक
क्या कभी गर्जन तुम्हारा सुन सकेगा?
जिस तरह तुम धुन रहे मस्तक यहाँ पर,
उस तरह संसार क्या सिर धुन सकेगा?

मूक हो जाओ अगर बल चाहते हो।

रव नहीं रवहीन की झंकार है वह,
मूकता के साथ एकाकार है वह,
मूक है, प्रच्छन्न है सबसे बड़ी आवाज।

(नील कुसुम, 1952)

अर्धनारीश्वर

एक हाथ में डमरू, एक में वीणा मधुर, उदार,
एक नयन में गरल, एक में संजीवन की धार।

जटाजूट में लहर पुण्य की शीतलता-सुख-कारी!
बालचन्द्र दीपित त्रिपुण्ड पर बलिहारी! बलिहारी,

प्रत्याशा में निखिल विश्व है, ध्यान देवता! त्यागो,
बाँटो, बाँटो अमृत, हिमालय के महान् ऋषि! जागो।
फेंको कुमुद-फूल में भर-भर किरण, तेज दो, तप दो,
ताप-तप्त व्याकुल मनुष्य को शीतल चन्द्रातप दो।

सूख गये सर, सरित; क्षार निस्सीम जलधि का जल है;
ज्ञानघूर्णि पर चढ़ा मनुज को मार रहा मरुथल है।
इस पावक को शमित करो, मन की यह लपट बुझाओ,
छाया दो नर को, विकल्प की इति से इसे बचाओ।

रचो मनुज का मन निरभ्रता लेकर शरद्गगन की,
भरो प्राण में दीप्ति ज्योति ले शान्त-समुज्ज्वल घन की।
पद्म-पत्र पर वारि-विन्दु-निभ नर का हृदय विमल हो,
कूजित अन्तर-मध्य निरन्तर सरिता का कलकल हो।

मही माँगती एक धार, जो सबका हृदय भिंगोये,
अवगाहन कर जहाँ मनुजता दाह-द्वेष-विष खोये।
मही माँगती एक गीत, जिसमें चाँदनी भरी हो,
खिलें सुमन, सुन जिसे वल्लरी रातों-रात हरी हो।

मही माँगती, ताल-ताल भर जाये श्वेत कमल से,
मही माँगती, फूल कुमुद के बरसें विधुमण्डल से।
मही माँगती, प्राण-प्राण में सजी कुसुम की क्यारी,
पाषाणों में गूँज गीत की, पुरुष-पुरुष में नारी।

लेशमात्र रस नहीं, हृदय की पपड़ी फूट रही है,
मानव का सर्वस्व निरंकुश मेधा लूट रही है।
रचो, रचो शाद्वल, मनुष्य निज में हरीतिमा पाये,
उपजाओ अश्वत्थ, क्लान्त नर जहाँ तनिक सुस्ताये।

भरो भस्म में क्लिन्न अरुणता कुंकुम के वर्षण से,
संजीवन दो ओ त्रिनेत्र! करुणाकर! वाम नयन से।
प्रत्याशा में निखिल विश्व है, ध्यान देवता! त्यागो,
बाँटो, बाँटो अमृत, हिमालय के महान् ऋषि! जागो।

(नील कुसुम, 1952)

ये गान बहुत रोये

तुम बसे नहीं इनमें आकर,
ये गान बहुत रोये।

बिजली बन घन में रोज हँसा करते हो,
फूलों में बन कर गन्ध बसा करते हो,
नीलिमा नहीं सारा तन ढँक पाती है,
तारा-पथ में पग ज्योति झलक जाती है।
हर तरफ चमकता यह जो रूप तुम्हारा,
रह-रह उठता जगमगा जगत जो सारा,
इनको समेट मन में लाकर
ये गान बहुत रोये।

जिस पथ पर से रथ कभी निकल जाता है,
कहते हैं, उस पर दीपक बल जाता है।
मैं देख रहा अपनी ऊँचाई पर से,
तुम किसी रोज तो गुजरे नहीं इधर से।
अँधियाले में स्वर वृथा टेरते फिरते,
कोने-कोने में तुम्हें हेरते फिरते।
पर, कहीं नहीं तुमको पाकर
ये गान बहुत रोये।

कब तक बरसेगी ज्योति बार कर मुझको?
निकलेगा रथ किस रोज पार कर मुझको?

किस रोज लिये प्रज्वलित बाण आओगे,
खींचते हृदय पर रेख निकल जाओगे?
किस रोज तुम्हारी आग शीश पर लूँगा,
बाणों के आगे प्राण खोल धर दूँगा?
यह सोच विरह में अकुला कर
ये गान बहुत रोये।

(नील कुसुम, 1953)

नासदीय

दिवस नहीं था, रात नहीं थी, जीवन-मरण नहीं था;
तत्त्वों का अस्तित्व अनस्तित्वों में छिपा कहीं था।
पर, क्या इसी भाँति अनुपस्थित था यह महागगन भी?
सृष्टि नहीं थी और नहीं था उसका अवलम्बन भी?

तब जो था वह कहाँ पड़ा था? उसका कहाँ शयन था?
जिससे निकला विश्व, तत्त्व वह जड़ था या चेतन था?
या कुछ भी था नहीं? बना जो कुछ वह स्वयं बना है?
देख रहे हम जिसे, सृष्टि वह आकस्मिक घटना है?

सब हैं नियमहीन? सब के आकस्मिक जन्म-मरण हैं?
यों ही बिखर पड़े? हम सब आकस्मिकता के कण हैं?
छलें किसे क्या कह कर? प्रश्नों पर अधिकार हमारा;
बाकी तो सब भाँति तिमिरपूरित संसार हमारा।

खुलता नहीं कपाट, बुद्धि की सेना अकुलाती है;
क्षितिज-कूल से बार-बार टकरा कर फिर आती है।
है कोई जो कहे, भूमि कब कढ़ी सिन्धु के जल से?
और सिन्धु फिर कब निकला वसुधा के अन्तस्तल से?

पहली किरण तिमिर की छाती में किस दिन लहरायी?
पहले-पहल उषा किसकी आँखों को पड़ी दिखायी?
सुना किसी ने प्रथम जागरण-स्वर सद्यःस्फुट भव का?
रवि के नमस्कार में अर्पित गर्जन कण्ठीरव का?

ठहरो अगम प्रश्न के स्रोतो! मन में कुछ गुनने दो।
अपना समाधान अपनी ही धारा में सुनने दो।

(नील कुसुम, 1953)

आनन्दातिरेक

आनन्द का अतिरेक यह।

हो मृत्यु की धारा अगर तो मुक्त बहने दो मुझे;
हो जिन्दगी की छाँह तो निस्पन्द रहने दो मुझे।

कुछ और पाना व्यर्थ है,
अन्यत्र जाना व्यर्थ है।

माँगा बहुत तुम से, नहीं कुछ और माँगूँगा;
अब इस महामधु-पूर्ण निद्रा से न जागूँगा।

नींद है वह जागरण जब फूल खिलते हों;
चेतना के सिन्धु में निश्चेत प्राणों को;
ऊर्मियों में फूटते-से गान मिलते हों।

मीठां बहुत उल्लास यह, मादक बहुत अविवेक यह,
निस्सीम नभ, सागर अगम आनन्द का अतिरेक यह।

(नील कुसुम, 1954)

अमरता

कभी वह भी समय होगा?
सुयश की एषणा जो शेष है, निःशेषता लेगी,
श्रवण के चर्म की यह गुदगुदी भी छूट जायेगी?
न होगी बेकली मन में मरण के बाद जीने की?
अमरता से लगी आशा तुनुक यह टूट जायेगी?

कहाँ था सात युग पहले? न कोई थाह मिलती है।
न इस असहायता से क्लेश या आनन्द होता है;
अनागत के तिमिर को चीर कर तब देखना यह क्या,
कि हूँ निश्चिह्न या कोई वहाँ भी नाम ढोता है?

पड़ा हूँ एक छींटे-सा तुम्हारे शून्य के पट पर,
बड़ी यह कामना, मुझको अमरता में डुबो देना।
मरण, सचमुच, मरण हो; चिह्न कोई भी न रह जाये,
चलूँ जब छोड़ कर इसको, गगन का दाग धो लेना।

शुभाशुभ जो किया अब तक, सभी को भस्म कर दोगे?
सनातन शून्यता के सिन्धु में सम्पूर्ण लय होगा?
तुम्हारी आग में कर स्नान सब कुछ भूल जाऊँगा?
अमर की मृत्यु के स्वामी! कभी वह भी समय होगा?

(नील कुसुम, 1954)

कुन्तल

काले जल की धार तुम्हारा कुन्तल है,
अंधकार के स्वप्न जहाँ लहराते हैं।
इस तरंगिनी में अगाध कितना जल है?
क्षण-क्षण मेरे प्राण डूबते जाते हैं।

(प्रण-भंग तथा अन्य कविताएँ, क्षणिकाएँ, 1958)

भौतिकी

बहुत उच्च वह शिखर साधिके! तुम अब जहाँ खड़ी हो।
उझको तो आगे समीप ही सिन्धु दिखाई देगा
आत्मदर्शियों के चिन्तन का, गहन, गूढ़ दर्शन का।

अणु था ठोस, भूतमय जग था, मायावाद मृषा था?
पर, अब तो परमाणु तोड़ कर तुमने देख लिया है,
कहीं नहीं कुछ ठोस, सभी कुछ माया है, छलना है;
कहो उसे ऊर्जा, तरंग या विकिरण किसी प्रभा का।

स्यात्, सत्य ही, सृष्टि जहाँ से अंकुर फोड़ बढ़ी है,
जीवन के उस मूल-उत्स पर कुछ भी ठोस नहीं है।
जो कुछ है, ऊर्जा, तरंग है, माया है, छलना है।
हम अ-ठोस में ठोस जगत् का सपना देख रहे हैं।
अँधियाली है रात, रज्जु अहि के समान लगती है।

(कोयला और कवित्व, प्र.सं.)

विज्ञान

शंका करने लगे स्वयं पर, यह क्या कम है?
आगे है जो लक्ष्य, तुम्हारे शर से विद्ध न होगा।
जो कुछ था नापने योग्य, नप चुका गणित से;
किन्तु, गणित के फरमूलों से ईश्वर सिद्ध न होगा।

तुम जिस पर लिख रहे, दृश्य वह जगत् बिम्ब है;
पर, छाया जिसकी यह, वह असली दीवार कहाँ है?
मान लिया, तुम देश-काल तक पहुँच गए हो,
पर, दोनों से परे, गहनता का संसार कहाँ है?

जगत् वहीं तक नहीं शेष, जितना तुम जान चुके हो।
अच्छा है, यह भेद स्वयं तुम भी पहचान चुके हो।
जितनी खुशी मुझे मानव की अन्तरिक्ष की जय से,
उससे बढ़कर हर्ष भौतिकी की नम्रता, विनय से।

(कोयला और कवित्व, प्र.सं.)

श्मशान

रोने की क्या बात?
जनम का यहीं कहीं उद्गम है—
पर्वत का वह मूल,
जहाँ से सभी स्रोत चलते हैं—
आखिर को हम पहुँच गए ही वहाँ,
जहाँ से शुरू किया था।
कफन और पोशाक छठी की,
दोनों एक वसन हैं।
पता नहीं, हम नया जन्म लेते हैं
या मरते हैं।
कौन कहे, स्रष्टा ही हो,
जो हमें दीखता यम है।

बढ़ो और गहराई में,
गर तुम्हें दूर जाना है।
पर, हम तो अब यार!
वहीं तक सब्र किए लेते हैं,
मिल जाता है जहाँ पाँव
ऊपर उठते पानी का,
धरती की वह नाभि,
जहाँ पर आग जला करती है।
ऊपर जिसकी झमक,
वही ज्वाला नीचे निश्चल है,

इसीलिए तो मर कर भी
जिन्दगी नहीं मरती है।
और अधिक डूबना
व्यर्थ गीतों को भरमाना है।

(कोयला और कवित्व, प्र.सं.)

सनातन प्रश्न

हमारे आध्यात्मिक व्यक्तित्व का
केंद्र कहाँ है?
वह गहराई कौन-सी है, जहाँ
सन्त बैठकर परम ध्येय को साधते हैं;
समस्त सृष्टि के साथ अपने को
अदृश्य धागों से बाँधते हैं?

मेरे व्यक्तित्व का वह वातायन कहाँ है?
जिससे सारा आकाश दिखाई देता है?
देवता हमें धरती पर कहाँ से भेजता है?
और फिर कहाँ बुला लेता है?

(प्रण-भंग तथा अन्य कविताएँ, क्षणिकाएँ, 1969)

गवाक्ष

गवाक्ष तब भी था,
जब वह खोला नहीं गया था।
सत्य तब भी था,
जब वह बोला नहीं गया था।

(प्रण-भंग तथा अन्य कविताएँ, क्षणिकाएँ, 1969)

निस्सहाय

जहाँ-जहाँ था बँधा, वहाँ से छूट रहा हूँ।
सजे हुए बादल अब फट कर बिखर रहे हैं।
कुछ मुझसे टूटे, कुछ से मैं टूट रहा हूँ।

लगता है, अब अन्धकार छानेवाला है।
न तो भूमि पर दीप, न नभ में तारे होंगे।
ऐसे में तुम निस्सहाय की बाँह गहो हे।
और कौन है, जो मेरा अब हो सकता है?

(प्रण-भंग तथा अन्य कविताएँ, क्षणिकाएँ, 1969)

राम का नाम

आँख मूँद बेखौफ
राह तय किये चलो।
कदम-कदम पर नाम
राम का लिये चलो।

(प्रण-भंग तथा अन्य कविताएँ, क्षणिकाएँ, 1969)

राम, तुम्हारा नाम

राम, तुम्हारा नाम कंठ में रहे,
हृदय, जो कुछ भेजो, वह सहे,
दुख से त्राण नहीं माँगूँ।

माँगूँ केवल शक्ति दुख सहने की,
दुर्दिन को भी मान तुम्हारी दया
अकातर ध्यानमग्न रहने की।

देख तुम्हारे मृत्यु-दूत को डरूँ नहीं,
न्योछावर होने में दुविधा करूँ नहीं।

तुम चाहो, दूँ वही,
कृपण हो प्राण नहीं माँगूँ।

(हारे को हरि नाम, प्र.सं.)

संपाती

तुम्हें मैं दोष नहीं देता हूँ।
सारा कसूर अपने सिर पर लेता हूँ।

यह मेरा ही कसूर था
कि सूर्य के घोड़ों से होड़ लेने को
मैं आकाश में उड़ा।

जटायु मुझ से ज्यादा होशियार
निकला।
वह आधे रास्ते से ही लौट आया।

लेकिन मैं अपने अहंकार में
उड़ता ही गया।
और जैसे ही सूर्य के पास पहुँचा,
मेरे पंख जल गये।

मैंने पानी माँगा।
पर दूर आकाश में
पानी कौन देता है?

सूर्य के मारे हुए को
अपनी शरण में
कौन लेता है?

अब तो सब छोड़ कर
तुम्हारे चरणों पर पड़ा हूँ।
मन्दिर के बाहर पड़े पौधर के समान
तुम्हारे आँगन में धरा हूँ।

तुम्हें मैं कोई दोष नहीं देता स्वामी!
"आमि आपन दोषे दुख पाइ
वासना-अनुगामी।"

(हारे को हरि नाम, प्र.सं.)

कविता और आत्मज्ञान

कविता क्या है?
महर्षि रमण ने कहा।
मानसिक शक्तियों का मन्थन कर
कीर्ति उत्पन्न करना,
मन में जो आकृतियाँ घूम रही हैं,
उन्हें निकाल कर
बाहर के अवकाश को भरना।

किन्तु, आत्मज्ञान की राह में
इस शक्ति को भी सोना पड़ेगा।

यानी कवि को भी अकवि होना पड़ेगा।

(हारे को हरि नाम, प्र.सं.)

जूठा पत्ता

रामकृष्ण और रमण,
रोग की यातना दोनों ने सही थी।

मगर अपने अन्तिम दिनों में
महर्षि ने एक बात कही थी।

जीवन भोज है,
शरीर केले का पत्ता है।

इस पत्ते पर आदमी
भोजन तो बड़े प्रेम से करता है।
लेकिन खाना खत्म होते ही
वह उसे फेंक देता है।

जूठा पत्ता भी कभी कोई
सँभाल कर धरता है?

(हारे को हरि नाम, प्र.सं.)

आराधना

प्रभो, तुम्हारा नाम बाती है,
शरीर दीया है,
वेदना तेल है।
तीनों का कितना
अच्छा मेल है!

शीतलता बढ़ती है,
आँखें जब नम होती हैं।
नाम जितना ही उजलता है,
वेदना उतनी ही कम होती है।

(हारे को हरि नाम, प्र.सं.)

नीरवता

रात ने चुप्पी साध ली है।
सपने शान्ति में समा गये हैं।
अन्तःकपाट आप-से-आप
खुलने लगा है।
देवता शायद दरवाजे पर आ गये हैं।

(हारे को हरि नाम, प्र.सं.)

आना और जाना

जीवन से चिपकना
और मृत्यु से घृणा करना,
पूराने मर्द ये बातें नहीं जानते थे।
अस्ताचल पर न तो वे रोते थे,
न उदयाचल पर खुशी मानते थे।

जीवन के बारे में उन्हें न तो आसक्ति थी,
न दुनिया के बारे में कोई भ्रम था।
आने की उन्हें न तो खुशी थी,
न जाने का गम था।

बीज पहले पौधा बनता है
और फिर वृक्ष।
और फिर टूट कर
वह धरती पर सो जाता है।
प्रकृति का नियम कितना सरल है!

आदमी भी मरता नहीं,
लौट कर अपने घर जाता है।
कौन कहता है कि वह
अनस्तित्व में खो जाता है?

(हारे को हरि नाम, प्र.सं.)

घर की राह

कहते हैं, मृत्यु से सभी डरते हैं।
तो हम, सब-के-सब,
उस बच्चे के समान हैं,
जो कई दिन पहले
घर से निकल कर
मेले में आया था।

मेला टूट गया
और बच्चा अब घर लौटना चाहता है।
लेकिन घर की राह वह जानता ही नहीं है।

और घर लौटने की जो राह
आप-से-आप आन मिली है,
उसे वह पहचानता ही नहीं है।

(हारे को हरि नाम, प्र.सं.)

देवता और प्रेत

कवि के मन में देवता और प्रेत,
दोनों बसते हैं।
प्रेत जब कलम में घुस कर
कविता लिखता है,
देवता हँसते हैं।

देवता की राह हिंसा नहीं,
अहिंसा की राह है।

वे इन्द्रियों से लड़ते नहीं,
पुचकार कर उन्हें पास बुलाते हैं।

देवता के पास
पीपल की छाया होती है।
वे छाँह में इन्द्रियों को
प्रेम से सुलाते हैं।

लेकिन प्रेत कहता है,
जीवन से युद्ध करो,
मारो, मारो, इन्द्रियों को मारो
और अपने को शुद्ध करो।

आँख, कान, नासिका और त्वचा
क्या हमने इसीलिए पायी थीं?
इन्द्रियाँ क्या केवल
मार खाने को आयी थीं?

देवता अच्छे हैं
कि कीचड़ में ईंट नहीं फेंकते हैं;
न पंचधूनी जला कर
अपनी इन्द्रियों को सेंकते हैं।

(हारे को हरि नाम, प्र.सं.)

एकोऽहम्

मैं दानव से छोटा नहीं,
न वामन से बड़ा हूँ।
सभी मनुष्य एक ही मनुष्य हैं।
सब के साथ मैं आलिंगन में खड़ा हूँ।

वह जो हार कर बैठ गया,
उसके भीतर मेरी ही हार है।

वह जो जीत कर आ रहा है,
उसकी जय में मेरी ही जयजयकार है।

मैं ही दाना डालनेवाला बुड्ढा रईस हूँ;
मैं ही वह पक्षी हूँ, जो दाना चुगता है।
बैल की पीठ पर बेरहमी से बेंत मत मारो।
मेरी पीठ पर उसका निशान उगता है।

पत्ते का पीला होना
पूरे वृक्ष का रोग है।

यह मात्र संयोग है
कि एक पत्ता पीला है, बाकी हरे हैं।

एक व्यक्ति पातक इसलिए करता है
कि सबके भीतर पाप के भाव भरे हैं।

जहाँ भी पुण्य की वेदी है,
मैं अगुरु का धुआँ हूँ,
मंडप से झूलता
फूलों का वन्दनवार हूँ।
और जो भी पाप करके लौटा है,
उसके पातक में मैं बराबर का हिस्सेदार हूँ।

एक उपकारी सबके गले का हार है।
और जिसने मारा या जो मारा गया है
उनमें से हर एक हत्यारा है,
हर एक हत्या का शिकार है।

(हारे को हरि नाम, प्र.सं.)

भगवान के डाकिये

पक्षी और बादल,
ये भगवान के डाकिये हैं,
जो एक महादेश से
दूसरे महादेश को जाते हैं।

हम तो समझ नहीं पाते हैं,
मगर उनकी लायी चिट्ठियाँ
पेड़, पौधे, पानी और पहाड़
बाँचते हैं।

हम तो केवल यह आँकते हैं,
कि एक देश की धरती
दूसरे देश को सुगन्ध भेजती है।
और वह सौरभ हवा में तैरते हुए
पक्षियों की पाँखों पर तिरता है।

और एक देश का भाप
दूसरे देश में पानी
बन कर गिरता है।

(हारे को हरि नाम, प्र.सं.)

ईश्वर

जिन्दगी न जन्म के साथ पैदा होती है,
न मृत्यु के साथ मरती है।
जन्म ले कर वह जिसे खोजती है,
मर कर भी उसी की तलाश करती है।

और ईश्वर आसानी से
हमारी पकड़ में नहीं आता।

उसकी कृपा यह है कि वह
हमें जन्म देता
और फिर मारता है।

जन्म और मरण,
दोनों खराद के चक्के हैं।
ईश्वर हमें तराश-तराश कर
सँवारता है।

और जब हम पूरी तरह सँवर जाते हैं,
ईश्वर अपने आपको हमें सौंप देता है।

सँवरी मूर्तियाँ केन्द्र से
अलग नहीं रहतीं।
ईश्वर या तो उनमें विलय होता है
या उन्हें अपने में
लीन कर लेता है।

(हारे को हरि नाम, प्र.सं.)

लेन-देन

लेन-देन का हिसाब
लम्बा और पुराना है।

जिनका कर्ज हमने खाया था,
उनका बाकी हम चुकाने आये हैं।
और जिन्होंने हमारा कर्ज खाया था,
उनसे हम अपना हक पाने आये हैं।

लेन-देन का व्यापार अभी लम्बा चलेगा।
जीवन अभी कई बार पैदा होगा
और कई बार जलेगा।

और लेन-देन का सारा व्यापार
जब चुक जायेगा,
ईश्वर हमसे खुद कहेगा–

तुम्हारा एक पावना मुझ पर भी है,
आओ, उसे ग्रहण करो।
अपना रूप छोड़ो,
मेरा स्वरूप वरण करो।

(हारे को हरि नाम, प्र.सं.)

करघा

हर जिन्दगी कहीं न कहीं
दूसरी जिन्दगी से टकराती है।
हर जिन्दगी किसी न किसी
जिन्दगी से मिल कर एक हो जाती है।

जिन्दगी जिन्दगी से
इतनी जगहों पर मिलती है
कि हम कुछ समझ नहीं पाते
और कह बैठते हैं, यह भारी झमेला है।
संसार संसार नहीं,
बेवकूफियों का मेला है।

हर जिन्दगी एक सूत है।
और दुनिया उलझे हुए सूतों का जाल है।
इस उलझन का सुलझाना
हमारे लिए मुहाल है।

मगर जो बुनकर करघे पर बैठा है,
वह हर सूत की किस्मत को

पहचानता है।
सूत के टेढ़े या सीधे चलने का
क्या रहस्य है,
बुनकर इसे खूब जानता है।

(हारे को हरि नाम, प्र.सं.)

माँ

माँ, तुम्हारे कई भक्त बतलाते हैं
कि जब वे समाधि में जाते हैं,
अन्धकार से उनकी बात होती है।

और अन्धकार कहता है
कि मैं काला नहीं हूँ,
मेरी गोद में प्रकाश के
वृन्त हिलते हैं,
सोने की डालों में
चाँदी के फूल खिलते हैं।

मेरा तो प्रकाश भी मूर्च्छित है
और अँधेरा भी खामोश है।
चेतना इन्हें कब तक आयेगी?
और चाँदी के फूलोंवाली
सोने की डालियाँ
कब तक लहरायेंगी?

(हारे को हरि नाम, प्र.सं.)

बाढ़

पानी जो बढ़ने लगा,
बढ़ता ही जाता है।
घर मेरा जल में डूबी हुई
घरनाई है।

पता नहीं, बाढ़ क्या
कहने को आई है!

बोलो, तुम्हारा क्या आदेश है?

खिड़की खोलूँ
और मछली की तरह
प्लावन में तैर जाऊँ?
या तुम्हारा इन्तजार करूँ?

कोई नाव तुम भेजोगे क्या?
इतना जो कुछ चारों ओर
टूट कर बिखर गया है,
उसे फिर करुणा से
सहेजोगे क्या?

(हारे को हरि नाम, प्र.सं.)

वैद्य

जो सारी रात जगा था,
तुम्हारी प्रार्थना में लगा था,
उसके दरवाजे पर तुम रुके भी नहीं।
बिना कुछ दिये ही आगे चले गये।

मगर जो मस्ती के नशे में खोया था,
कुटिया को बन्द करके सोया था,

उसे तुमने जगाया,
गले से लगाया
और दान दिया।

तुम्हारी करुणा और क्रीड़ा का
जवाब नहीं।
मरहम वहाँ लगाते हो,
जहाँ घाव नहीं।

(हारे को हरि नाम, प्र.सं.)

एकान्त की ओर

बिदको नहीं,
गुरूर में मुस्कुराओ नहीं।

कौन कहता है कि
तुम सब कुछ नहीं जानते हो?
मगर, दो-चार बातें
प्राचीनों को भी मालूम थीं।

मसलन, वे जानते थे
कि पावन पुष्प एकान्त में खिलता है।
और सब से बड़ा सुख
उसे मिलता है,

जो न तो किस्मत से नाराज है,
न भाग्य से रुष्ट है,
जिसकी जरूरतें थोड़ी
और ईमान बड़ा है;
संक्षेप में, जो अपने आपसे संतुष्ट है।

योग नहीं, तो प्रयोग ही सही,
मगर एक बार यह तो करो
कि हर औरत के पीछे भागना छोड़ दो।

झाँकियों का पागुर करते हुए
रात-रात भर जागना छोड़ दो।

कीर्त्ति बिना खोजे भी मिलती है,
मगर पहले कोई काम तो करो।
नाम करने से पहले
एकान्त में आराम तो करो।

हर खाली वक्त पर मुलाकात
और हर खाली कोने में गमले मत धरो,
कोई घड़ी ऐसी भी होनी चाहिए,
जब तुम अपने देवता से बात करो।

देवता नीरवता में आते हैं।
और मन जब शोर करता है,
वे चुपके से लौट जाते हैं।

(हारे को हरि नाम, प्र.सं.)

खोज

खोजियो, तुम नहीं मानोगे,
लेकिन सन्तों का कहना सही है।
जिस घर में हम घूम रहे हैं,
उससे निकलने का रास्ता नहीं है।

शून्य और दीवार, दोनों एक हैं।
आकार और निराकार, दोनों एक हैं।

जिस दिन खोज शान्त होगी,
तुम आप-से-आप यह जानोगे

कि खोज पाने की नहीं,
खोने की थी।
यानी तुम सचमुच में जो हो,
वही होने की थी।

(हारे को हरि नाम, प्र.सं.)

माध्यम

मैं माध्यम हूँ, मौलिक विचार नहीं,
कनफ्युसियस ने कहा।

तो मौलिक विचार अब कहाँ मिलते हैं?
खिले हुए फूल ही
नये वृन्तों पर
दुबारा खिलते हैं।

आकाश पूरी तरह
छाना जा चुका है,
जो कुछ जानने योग्य था,
पहले ही जाना जा चुका है।

जिन प्रश्नों के उत्तर पहले नहीं मिले,
उनका मिलना आज भी मुहाल है।

चिंतकों का यह हाल है
कि वे पुराने प्रश्नों को
नये ढंग से सजाते हैं
और उन्हें ही उत्तर समझ कर
भीतर से फूल जाते हैं।

मगर यह उत्तर नहीं,
प्रश्नों का हाहाकार है।
जो सत्य पहले अगोचर था,
वह आज भी तर्कों के पार है।

(हारे को हरि नाम, प्र.सं.)

लक्ष्य-वेध

अरे, तुम सब कहाँ हो,
जिन्हें युग की उलझन और अनास्था को
काल की पुस्तक में अंकित करना है;

रेगिस्तान में चलते हुए
मनुष्यों के पद-चिन्हों को
भविष्य के लिए जुगा कर धरना है?

कोलाहल से काल की निद्रा
नहीं टूटती,
न धक्के मारने से
समय का द्वार खुलता है।

रचनात्मक समाधि के
व्यूह में जाओ।
नीरवता और शान्ति को
सिद्ध करो।

रात, अन्धकार और अकेलापन
शक्ति के असली उत्स हैं।
रोशनी से बचो और लक्ष्य को
अँधेरे में विद्ध करो।

(हारे को हरि नाम, प्र.सं.)

धरती और आकाश

मिट्टी में गड़ा हुआ
मैं तुम्हारा मूल हूँ।
तुम मेरे फूल हो,
जो आकाश में खिला है।

मिट्टी से जो रस मैं खींचता हूँ,
वह फूल में लाली बन कर छाता है।
और तुम जो सौरभ बनाते हो,
यहाँ नीचे भी उसका सुवास आता है।

अदेह की विभा
देह में झलक मारती है।
और दैहिक ज्योति
अदेह की आरती उतारती है।

द्वैताद्वैत से परे
मेरी यह विनम्र टेक है,
प्रभो, मैं और तुम,
दोनों एक हैं।

(हारे को हरि नाम, प्र.सं.)

पुरुषार्थ

हमारे भीतर
स्मृतियों का एक समुद्र है,
जिसे मन कहते हैं।

यह समुद्र कभी भी
निश्चल नहीं होता,
क्षण-क्षण डोलता रहता है।

चेतना के सात हिस्से
इस समुद्र में डूबे हुए हैं,
केवल आठवाँ हिस्सा ऊपर लहराता है।

जब भी हमारे सामने
कोई सवाल आता है,
हम उस पर तटस्थ होकर नहीं सोचते।
हमारा सारा चिन्तन हमें
स्मृतियों के कोष से मिलता है।

चेतना के सात हिस्से
जैसे चाहते हैं,
आठवाँ हिस्सा भी वैसे ही हिलता है।

अपने चिन्तन में हम स्वाधीन नहीं,
स्मृतियों के गुलाम हैं।
स्मृतियाँ जैसे चलाती हैं,
हम वैसे ही चलते हैं।
कभी हमें आसक्ति हो जाती है
और कभी हम क्रोध से जलते हैं।

जब हम जनमे थे,
हमारे भीतर कोई स्मृति नहीं थी।
इसीलिए हमें भले-बुरे का ज्ञान नहीं था।

हम चेतना के जल में
निष्कलुष कमल के समान
बसते थे;
और ईश्वर को समीप देख कर
मन्द-मन्द हँसते थे।

जब हम जनमे थे,
हम स्वच्छ थे,
अनाविल थे,
बे-दाग थे

मगर ज्यों-ज्यों हम बढ़े,
इन्द्रियाँ तरह-तरह के दाग जुटाने लगीं;
आँख, कान, नासिका
और त्वचा के द्वार से
हजारों वर्ष की स्मृतियाँ
हमारे भीतर समाने लगीं।

न हम पाप और पुण्य को जानते थे,
न मैं के अस्तित्व को पहचानते थे।
किन्तु स्मृतियों ने
हमें शुद्ध चेतना से घटा कर
अहम् कर दिया।
यानी हमारी ऊँचाई को
पहले से कम कर दिया।

जब अहम् जनमा,
स्वर्ग के साथ हमारा संबंध टूट गया।
जिस ईश्वर के सान्निध्य में
हम आनन्द मनाते थे,
उसका संग छूट गया।

और तब वह मनोवैज्ञानिक भूख जनमी,
जिसके चंगुल में फँसी
दुनिया बेहाल है।
अहम् केवल संतों का ही शत्रु नहीं है,
वह पूरी मानवता का काल है।

कानून अहम् को
कैद करने को बनते हैं।
अहिंसा का उपदेश
अहम् को दबाने का उपदेश है।
और युद्ध अहम् के आस्फालन से
या उसके भंजन के निमित्त ठनते हैं।

जब तक मनुष्य के भीतर अहम् है,
वह डरायेगा और डरेगा।
अहम् की सुरक्षा को
जिससे भी भय है,
आदमी उससे अवश्य लड़ेगा।

आविष्कारों और अनुसन्धानों से
ज्ञान की जैसे-जैसे समृद्धि होती है,
आदमी का दिमाग
वैसे-वैसे फूलता जाता है,
और उसके अहम् में वृद्धि होती है।

जब भोग के क्षेत्र में सीमित थे,
स्पृहा की भूमि भी
छोटी और संकीर्ण थी।
मनुष्य मटमैला था,
मगर ज्यादा कमनीय था।
आदमी जब कम सुखी था,
वह मिजाज से लचीला और नमनीय था।

आदमी कोमल था,
जब उसका परिवेश कठोर था।
आदमी जब कम जानता था,
उसका अहम् भी कमजोर था।

धरती पर जब रोशनी फैलती है,
आसमान पर अँधियाली छाती है।
सब कुछ जान कर भी
तर्क कुछ नहीं जानता।
ज्ञान की बाढ़ अहम् को विकराल बनाती है।

ज्ञानी मूल गँवाइया
आपन भये करता।

ताते संसारी भला,
मन में रहे डरता।

सारा ज्ञान भूल कर
अबोध बालक बन जाना
पुरुषार्थ है।

चेतना के आठों अंशों को
जल से बाहर ले आना
पुरुषार्थ है।

पुरुषार्थ है पल-पल
डोलते हुए मन को
निस्पन्द करना।

पुरुषार्थ है
सोचने की प्रक्रिया को
बन्द करना।

पुरुषार्थी वह है,
जो मन को समेट कर
उसके उत्स पर डाल दे;

मस्तिष्क के महल से
सारी स्मृतियों को
बुहार कर निकाल दे।

मन का महल जब साफ होगा,
तुम अपने आपके
दर्शन पाओगे।

मैं शपथपूर्वक कहता हूँ
कि सोचना बन्द करने से
तुम मर नहीं जाओगे।

(हारे को हरि नाम, प्र.सं.)

गुरु-स्तवन

पद-रज दो, अंजन दृग आँजूँ,
अन्तर तिमिर हरो हे!
अमृत-परस दो, पल-पल चंचल
मन को अचल करो हे!

न्योछावर हो सकूँ चरण पर,
ऐसी विमल सुमति दो,
उर के अन्ध विवर में अपनी
जगमग ज्योति भरो हे!

दृश्य-अदृश्य जहाँ जो कुछ है,
सभी तत्त्व गुरुमय है,
एक प्रार्थना सुनो, हृदय के
शतदल पर उतरो हे!

भक्ति-व्योम-गंगा के तट पर
नीराजन जलते हैं,
चिदाकाश में पूर्ण चन्द्र बन
योगिराज, विचरो हे!

भींग रहे सब अमृत-वृष्टि में,
सब के भाग्य जगे हैं।
कृपा करो अवढर दानी,
मुझ पर भी देव, ढरो हे!

(दिनकर के गीत, प्र.सं.)